जलते दीपक

दीपनारायण सिंह

Made with ♥ on the Notion Press Platform
www.notionpress.com

स्व कुंती देवी एवं स्व रामवृक्ष सिंह

" मैं अपना यह प्रथम काव्यसंग्रह अपने स्वर्गीय माता-पिता(स्व कुंती देवी एवं स्व रामवृक्ष सिंह)तथा परिवार के सभी सदस्यों को समर्पित करता हूँ।   "

क्रम-सूची

क्रम-सूची

क्रम-सूची

भूमिका

मानव हृदय में उमड़ते-घुमड़ते जज्बात जब शब्द श्रृंखला बनकर कोरे कागज पर उतरते हैं, तब उस भावमय शब्द श्रृंखला को कविता का नाम दिया जाता है।इस कविता में कभी अपना भोगा हुआ यथार्थ होता है तो कभी सामाजिक विसंगतियां,कभी मानवीय आनंद तो कभी मानवीय पीड़ा,कभी प्राकृतिक दृश्य तो कभी अरूप का चिंतन।अंतहीन प्रकृति की तरह मानवीय भावनाएं भी अनंत होती हैं।इस अंतहीन भावनाओं को शब्दों में पूर्णतया कभी भी समेटा नहीं जा सकता है क्योंकि शब्द संख्या अनंत नहीं होती।बस हम अपने सामर्थ्य के अनुसार भाव रूपी सागर में शब्द रूपी गागर डुबोते रहते हैं।घड़ा कलात्मक भी हो सकता है और नहीं भी हो सकता है।पर उससे पानी की गुणवत्ता पर कोई फर्क नहीं पड़ता है।इसका काम है प्यास बुझाना सो वह करता रहता है।हाँ इस बात का ख्याल जरूर रखना चाहिए कि गागर की पवित्रता बरकरार रहे।अपवित्र घड़े का जल व्यक्ति को रुग्ण कर सकता है।जहाँ तक मेरा सवाल है मुझे वास्तव में काव्यशास्त्र का कोई ज्ञान नहीं है।मेरे हृदय में जो भाव उठे उसे अपनी अल्पबुद्धि के अनुसार शब्द देने की कोशिश की है।इसमें मैं कहाँ तक सफल रहा ये तो सुधि पाठक ही बताएंगे।प्रस्तुत कविता संग्रह में मैंने मानवीय संवेदनाओं,सामाजिक विषमताओं तथा प्रकृति के कुछ रंगों को समेटने के साथ-साथ देशप्रेम को भी अपनी कविता में उकेरने की कोशिश की है।अल्प शिक्षा से उत्पन्न अल्प शब्द ज्ञान के कारण मुझे काव्य रचना में कई जगह कठिनाइयों का सामना करना पड़ा है।इस कारण सुधि पाठकों को कई जगह शब्द दोष नजर आए तो क्षमा करेंगे।

दीपनारायण सिंह

मधुबन, सीतामढ़ी,

(बिहार)

1. जय गणेश

जय गणेश हे गजवदन
हे एकदंत हे विघ्नेश्वर।
संकट में है पड़ी वसुधा
उद्धार करो विनती प्रभुवर।
हमारी मातृभूमि भारत पर
कुछ शत्रु हैं कुदृष्टि जमाएं।
उन कुदृष्टो की चाल विफल कर
हे लंबोदर हे अविनाशी।
प्रगति राह में विघ्न बने हैं
कुछ अपने भितरघाती,
उन दुष्टों की चाल विफल कर,
हे पार्वती सुत बलशाली।
प्रेम बढ़े मानव-मानव में
हे वक्रतुंड कुछ यतन करो
नष्ट करो नफरत के कण्टक
हे महाकाय हे विघ्नाशी।

❧❧❧

2. कुछ टटोलता

घीसटता कुछ टटोलता
उदास आंखें सपाट चेहरा
कुदरती क्रूरता का शिकार
जहां प्रेम नहीं,है सिर्फ उपहास
बचपन,बुढ़ापा या हो युवा काल
पूछा जाता है गाहे-बगाहे
इनसे हमेशा एक ही सवाल
किसकी होगी यह परिसंपत्ति
तुम्हारे नहीं रहने के बाद
अनेक उपनामो से सज्जित जीवन इनका
अंधा काना लूला लंगड़ा
लोथ अपंग और बहरा।
उसे सजाने में हैं सब तत्पर
साहित्य ,सिनेमा और समाज
नेता ,मंत्री और परिवार।
भूल चुका वो अपना नाम
अस्तित्व और स्वाभिमान।
उसके जीवन में
सहज प्रेम का घोर अभाव
सभ्यता के प्रारंभ से आज तक
उपनामों की एक लंबी श्रृंखला भी
चिपकती रही इनके साथ।
साहित्य में,सिनेमा में,
नाटक के मंचन में
हास्य रस घोलने के लिये
निर्लज्जता पूर्वक
लिया जाता रहा सहारा
इन पर चिपके उपनामों का।
इन्हें ऊपर उठाने की
समाज के मुख्य धारा से जोड़ने की
होती हैं खूब बातें।
फिर एक नया नाम देकर
ढकेल दिया जाता है फिर से
उनको उन्हीं तंग गलियारों में।
सम्मान की चासनी में लपेट

दे देते हैं एक नया नाम,दिव्यांग।
गाली सी लगती है इन्हें
सुनकर नया-नया नाम।
क्या यही है सभ्य समाज की पहचान?

3. अवशेष

किसी ने पूछा घनेरी जुल्फे आकर्षित करती है आपको?
पूछने का लहजा,उपहास से भरा हुआ
मेरी भावनाओं को तार तार करता हुआ सा
मैं विचलित हुआ,संभला
फिर कह दिया हाँ।
वो हँसने लगा,निर्ममता पूर्वक
मेरे विकल अंगो को निहारते हुये।
और फिर निष्ठुरता पूर्वक वह
लगा शब्दरूपि कोड़े बरसाने
मेरी भावनाये घायल पंछी की तरह
तड़फड़ाती रही,
हीनता की अतल गहराईयो में
डूबती रही उतराती रही,
अंतिम कोड़ा!
क्या किसी से इजहार भी किया?
तड़फड़ाती हुई मेरी भावनाएँ
अब मृत हो चुकी थी,
सिर्फ आँखो से नीर बनकर
उसके अवशेष बह रहे थे।

4. मेरा भारत महान

मेरा भारत महान कभी था विश्व में पहले क्रमांक
मेरा भारत जला रहा था जब अखंड ज्ञान मशाल।
तब शेष विश्व डूबा था घोर अज्ञान अंधकार।
हम भौतिक तकनीक में तो थे ही बढ़े-चढ़े।
साथ-साथ ढूंढ रहे थे गूढ़ अभौतिक आत्म रहस्य।
पर बीच में अचानक क्या हुआ?
हम भूल गए श्रापित हनुमान की तरह,
अपनी अद्भुत अतुलनीय शक्ति अपार।
वर्षों की गुलामी ने छिन लिया हमसे,
हमारी मौलिक रचनात्मकता हुनर।
हम भूल अपनी मौलिकता
नकल को ही विकास मानते रहे।
हमारा भारत महान था विश्वगुरु था क्योंकि,
वशुधैव कुटुम्बकम का नारा यहीं से निकला था।
हमारा भारत महान था क्योंकि,
हम परहित प्राण गँवाते थे।
माता पिता और गुरु को देवतुल्य समझते थे।
पशु पक्षी को खिलाकर
फिर पड़ोसियों को देखते थे
कि, वहाँ चूल्हा जला या नहीं।
अगर नहीं तो उन्हें खिलाकर ही
हम सपरिवार खाते थे।
हमारा भारत महान था, महान है, और महान रहेगा
बस वो हमारी मौलिकता और संस्कृति,
जो दब सी गई है कहीं भीतर।
उसे याद दिलाने के लिए
बस जरूरत है एक जामवंत की।
जब याद आ जायेगी हमें हमारी शक्ति,
तब दिखेगी सारी वस्तु हमें स्वदेश में ही निर्मित।
तब गर्वित करेगा हमें हमारी पुरातन संस्कृति।

5. प्रेम नदी

तुम्हे प्रेमगीत पसंद है
मुझे प्रेम कृत्य पसंद है ।
तुम प्रेम प्रवचन करते हो
मै मौन प्रेम गुनता हुँ।
तुम प्रेम सुनते हो
मैं प्रेम करता हूँ।
तुम प्रेम नदी पर चलते हो
नाव और पतवार के सहारे।
मैं प्रेम नदी में तैरता हूँ
हाथ और पाँव के सहारे।
तुम प्रेम भँवर से बचते हो
मैं प्रेम भँवर को ढूढ़ता हूँ।
डर है तुम्हें प्रेम नदी में डूब जाने का
रोमांचित हूँ मैं नदी में डूब जाने के लिए।
तुम प्रेम नदी की लंबाई मापते हो
मैं इस नदी की गहराई मापता हूँ।
तुम्हें इस नदी के उस पार जाना है
पर मुझे तो इसी नदी में डूब जाना है।
तुम्हारा प्रेम स्वप्निल है कोमल है
मेरा प्रेम हकीकत है कठोर है।
हमदोनों का मिलना असंभव है
बालुका तेल सम सम दुष्कर है।
क्योंकि तुम शीतल चाँदनी में खड़ी हो
मैं तप्त दोपहरी प्रखर धूप में खड़ा हूँ।

॰ॐ॰ॐ॰ॐ

6. मत कुरेदो घाव मन के

जो जख्म दिल में लगे हुए थे,
शूल बन उर चुभ रहे थे,
वो घाव मन का भर रहा है,
मत कुरेदो घाव मन के ।
साथ निभाऊंगी कह-कहकर,
कुछ दूर चली थी तुम हँस-हँसकर,
जब वक्त पड़ा मुझपर भारी,
तब छोड़ चली तुम मुझको तजकर ।
शेष बची थी कितनी बातें,
कहने थे पर कह न सके,
वो मन की मन ही दबी रही,
तुम चली गई निष्ठुर बनके ।
सालों दर-दर भटका था,
विरही मन पल-पल तड़पा था,
उस विरह अगन बीच प्रेम-पीयूष
आँसू बन क्षण-क्षण ढलका था ।
वो छवि तुम्हारी धुँधली सी,
अब भी नयनों बीच फँसी हुई,
जब ध्यान उधर अब भी जाता,
एक टीस जिगर बीच है उठती ।
ओ मीत प्रीतम तेरे बिन हम,
काटे हैं अनगिन बसंत नव,
अब तो जीवन संध्या आ धमकी
फिर क्षीण आस बाकी क्योंकर?
वो घाव अभी तक नही भरा है,
बस ऊपर- ऊपर परत पपड़ी है,
अब याद बनकर ओ प्रीतम तुम
मत कुरेदो घाव मन के ।

❦ ❦ ❦

7. रक्षाबंधन

है अमृत बंधन रक्षाबंधन
कोमल सुन्दर मनहर बंधन।
ये दिव्य रेशमी धागे अनुपम
बँधते जिसमें भाई बहन।
इस बंधन में मत पूछो
उल्लास बस उल्लास है।
भाई की मंगल कामना है
अपना नहीं कोई स्वार्थ है।
मैंने देखा इस जगतीतल
लड़ते भाई-भाई अक्सर।
बहन भाई से कभी न लड़ती
उसका ऐसा प्यार है निश्छल।
हम कुछ भाई ऐसे निष्ठुर हैं
बाँट संपत्ति उसको भूलते हैं।
पर उसको देखो कभी न भूली
संकट में दौड़ी आती है।
सिर्फ रक्षाबंधन के दिन ही
हमें याद आती क्यों बहना।
पर बहनों का प्यार तो देखो
वो याद हमें करती दिन रैना।
भाई बहनों की चाहत का
सम्मान करें ये इतिहास हमारा।
माधव की कोशिश ही थी जो
अर्जुन से मिल पाई सुभद्रा।
बहन की इच्छा औ सपनों का
सब भाई मिल सम्मान करें।
उसके राह जो बाधा आये
भाई उसका निस्तार करें।
राखी अमृतपर्व बहन का
राखी जोड़े भाई बहन को।
फर्ज हमारा ये बनता है
संबल दें उसके सपनों को।

8. मुट्ठी

खुशियों और ग़मों को
समेटे ये मुट्ठी,
न जाने किन-किन चीजों की,
प्रतीक है ये मुट्ठी!
जब भी कोई गिरता है,
या फिर फिसलता है,
उस समय सहारा बन,
संभालती है मुट्ठी।
जब भी कोई वृद्ध वृद्धा,
हो चलने को आतुर,
उस समय ये पकड़ लाठी
बनती है मुट्ठी।
जब भी बिगड़ा कभी
किसी घर का बजट
तब बंद मुट्ठी बनकर
घर संभालती है मुट्ठी।
क्रोध के आवेश में सब
भींचते हैं मुट्ठी,
जीत के भी जश्न में,
सब लहराते हैं मुट्ठी।
ठंड जब चुभे तन
स्वमेव बँधती है मुट्ठी
हो एकता की बात जब
तब बँधती है मुट्ठी।
दुश्मन की छाती को
गर करना हो चूर-चूर
तब मुक्का बन सीने पर
गिरती है मुट्ठी।
हताशा और निराशा में भी
बँधती है मुट्ठी
उत्साह और आशा में भी
बँधती है मुट्ठी।
भाग्य को छुपाये हुए
हिम्मत बँधाते हुए
मेहनतकश लोगों की

पहचान है मुट्ठी।

❧ ❧ ❧

9. मैं प्रेम हूँ

मैं प्रेम हूँ अनहद अलौकिक
सृष्टि के कण-कण में भाषित।
लख सको तो लख लो मुझको
मैं तेरे अंतस प्रवाहित।
सम्पूर्ण सृष्टि का मूलाधार हूँ मैं
जीवो में व्याप्त अद्भुत प्राण हूँ मैं।
निराशा में आशा का संचार हूँ मैं
द्वेष आग से बचाता जलधार हूँ मैं।
शीतल मंद सुगंधित बयार हूँ मैं
सुहानी भोर का उजियार हूँ मैं।
पुष्प की महक भ्रमर गुँजार हूँ मैं
अस्तित्व जीवन का अमृतधार हूँ मैं।
हूँ अगुन पर जब जरूरी
मैं सगुन भी रूप धरता।
प्रेम पथ जो चल रहें हैं
मैं उनका त्रास हर्ता।
मैं शाश्वत हूँ, अनादि काल से
बस नफरत से लड़ता आया।
कभी विषधर के फन पर नाचा
कभी मधुर तान मुरलीवाला।
कभी महावीर कभी बुद्ध बना मैं
कभी नानक औ कबीरा कहलाया।
कभी ईसा बना मैं शूली पर लटका
कभी मीरा पिये विष का प्याला।
नफरतों का शोर बढ़े जब
मैं तब उठता शस्त्र भी हूँ।
कभी राम बन रावण को मारू
कभी कंस हंता कृष्ण भी हूँ।
कितने कण्टक चुभे हुए हैं
मेरे इन पाँवो में।
और न कितने चुभेंगे मुझकों
आगे इन राहों में।
अमल अचल हूँ अजर अमर मैं
कण्टक वन से नहीं घबराऊँ।
बस प्रेम पथिक के आगे-आगे

बन प्रेम बीज छितराऊँ।

10. माँ तुम्हारा यूँ परेशान होना

माँ तुम्हारा यूँ परेशान होना,
मेरी शैतानियों से तंग आकर,
तुम्हारा यूँ निज माथे को ठोकना,
बरबस मेरे मुखड़ों पर मुस्कान लाता ।
तुम्हारा निश्छल प्रेम पाकर,
हो गया प्रगल्भ हूँ मैं ।
तेरी नजरों से बचकर,
करता शैतानियाँ खुलकर ।
कभी चावल बिखेरू,
कभी शीशे को तोड़ू,
कभी किचन में जाकर
बर्तन गिराऊँ ।
तुम्हारा पुचकार और मनुहार भी जब
मुझको न समझ आये,
तब परेशान और झुंझलाई सी तुम
बिना मुझको डराए,भृकुटि सिकोड़े
निज माथे को पीटे ।
माँ सच कहूँ,तुम हो तो,
मेरी शैतानियाँ भी है ।
वरना,है कौन मातृहीन बालक,
जो कर सके यूँ शैतानियाँ खुलकर ?

❧❧❧

11. पगडण्डी

मैं हूँ पगडण्डी,
अनंत काल से,
लिखित अलिखित
मानव इतिहास की
हूँ लकीर मैं।
आदिकाल से हूँ मैं तब से,
जब मानव ने दो पैरों पर
चलना सीखा।
फल ढूंढते शिकार खोजते,
आश्रय के लिए गुफा ढूंढते,
उन प्रागैतिहासिक मानवों के
पद चिह्नों की हूँ लड़ी मैं।
एक पद चिह्न दूजे पद चिह्न,
चिह्न पर चिह्न अनेक पद चिह्न,
बनते पद चिह्न मिटते पद चिह्न,
कुछ सुंदर कुछ विकृत पद चिह्न,
तबसे लेकर आजतक मुझ पर,
बने बिगड़े अनंत पद चिह्न।
थके पद चिह्न,चपल पद चिह्न,
डगमगाते और सधे पद चिह्न,
कुछ मनुजो के बन गए मुझपर
अमर ऐतिहासिक अमिट पद चिह्न।
वन गमन करते और
वन-वन भटकते,
राम सिया लखन के
अमर अमिट पद चिह्न।
समूची अयोध्या वासियों के साथ,
छाले पड़े तलवों के साथ,
जंगलों और आश्रमों में,
विरही बन भाई को ढूंढते,
साधु भरत के अमर अमिट पद चिह्न।
मेरे इन सर्पिल बदनों पर
गौ हाँकते गौ चराते,
वंशी बजाते रास रचाते,
अमर ज्ञान गीता उद्घोषक

नटवर अमर अमिट पद चिह्न।
बुद्ध, महावीर, तुलसी, कबीर के
राह दिखाता अमर अमिट पद चिह्न,
नाम गिनाना अब सम्भव नहीं,
ढेर सारे अमिट अमर पद चिह्न।
इन चिह्नों के साक्ष्य समेटे
मैं हूँ पगडण्डी कहीं सरपट
कहीं सर्पिल सी।

❧❧❧

12. राम नाम अमिय रस वर्षण

राम नाम अमिय रस वर्षण
अंतस परमानंद झूमा तनमन।
दरसन प्यास उठी जब अंतस
झर-झर अश्रु गिरे बरबस।
राम नाम सिर्फ शब्द नहीं है
रटने का सिर्फ मंत्र नहीं है।
भवसागर में डूबे मनुज को
जो पार लगाए वही यंत्र है।
सुनो-सुनो जरा ध्यान लगाकर
वाह्य जगत को भूल-भालकर।
स्व अंतस जो अमिय कुंड है
उसका तरंग ही राम नाम है।
जब भींगे हम उस रस वर्षण
मन झूमे तन करता नर्तन।
इस रस वर्षण भरा नहीं मन
चलो भींगे हम जनम-जनम तक।
राम नाम की नैया लेकर
जाने कितने उतरे उस तीरे।
लेकर हम भी उस नैया को
जारहे धीरे उस तीरे।
उसी नाम की ओढ़ चदरिया
कबीरा निर्गुण गाये रे।
उसी नाम को ओढ़ के तुलसी
अमर ग्रंथ लिख पाए रे।
हनुमत भींगे शबरी भींगी
भींगी अयोध्या सारी।
ऋषि मुनिगण जंगल भींगे
भींगे शंकर कैलाशी।
आओ-आओ इस रस वर्षण
धो ले अपना पाप वसन।
भीतर-बाहर सब धो ले हम
इस राम नाम अमिय रस वर्षण।

✿✿✿

13. माँ श्री वर देती जा

हो सबल समाज हो सबल राष्ट्र
हो विकसित भारत महान।
बने विश्वगुरु फिर भारत माता
माँ!श्री वर देती जाना।
निज स्वार्थ को परे हटाकर
सब स्वदेश प्रगति की सोचें।
ऐसा भाव तू भरती जाना
माँ!श्री वर देती जाना।
बैर भाव मिटे जन-जन से
प्रेम भाव बढ़े सब मन में।
सब एक सूत्र में बँधता जाए
माँ!श्री वर देती जाना।
भौतिकता औ आत्मज्ञान का
स्वस्थ शरीर औ स्वस्थ बोध का।
सम्यक विकास करती जाना
माँ!श्री वर देती जाना।
काम क्रोध मद लोभ मोह का
विकट विष भाव छिपा हर मन में।
इनका शमन तुम करती जाना
माँ!श्री वर देती जाना।
ऊँच-नीच सम्प्रदायवाद औ जातिवाद
राष्ट्र विकास में रोड़ा बनकर तना खड़ा है।
कृपा कर इन रोड़ों को हटाती जाना
माँ!श्री वर देती जाना।
संस्कृति के पोषक तत्वों से
अजर अमर हो राष्ट्र हमारा।
कीर्तिगान गूँजे अम्बर में
माँ!श्री वर देती जाना।

14. हे हनुमद

हे हनुमद मैं क्या कहूँ कैसे कहूँ

है समझ नहीं कुछ मेरे पास।

थी जो कोई पीड़ तेरी अनकही

क्यों दफ़न हुई तेरे हृदय विशाल?

रही होगी या है अभी तक

वो अकथ पीड़

जो वक्त या बेवक्त

तुझको सालती होगी।

तूने कभी बतलाया नहीं

हमने कभी जाना नहीं।

मिथक चाहे जो भी हो

पर ठुड्डी तेरी बंकिम हुई।

हँसे होंगे तुझे देखकर सब

कहे होंगे हनुमान तब।

हीनता के गर्त में डूब

तेरा मन गया होगा तड़प।

लिखा गया है ग्रंथ में कि

तुम थे बड़े चंचल चपल

पर इस दुःख से होकर शिथिल गात

तुम चुप ही चुप रहने लगे।

माँ ने तब तुझको भर निज अंक में

प्यार से आशा की शक्ति भरी होगी।

माँ के कोमल कर स्पर्श से उत्साह तेरा

गगन के उस छोर को तब छुआ होगा।

मेहनत और लगन की पराकाष्ठा से

तुम हो चुके थे ज्ञानियों में अग्रगण्य।

बुद्धि में भी सर्वश्रेष्ठ तुम वीरवर

दौड़ में भी बन गए तुम पवनपुत्र।

योग ध्यान व्यायाम से हे वीरवर

हो गए तुम अजर अमर औ वज्र अंग।

इतिहास में भी दर्ज हुए तुम स्वर्णाक्षर

कीर्ति तेरी पहुँच गई, व्योम के भी पार तक।

पर था कोमल उदार निष्कपट

हे वीरवर तेरा हृदय कुंड।

दूसरों के दुःख से कातर होके तुम

दौड़ पड़ते दुःखी जनों के निकट तुम।
सुग्रीव का दुःख भरत का दुःख
राम और सीता का दुःख
सबके दुःख को हरने वाले
थे तुमही लखन के प्राणरक्षक।
होकर सर्वगुण सम्पन भी
रह गए तुम क्यों अकेले?
थी तेरी पीड़ जो तेरे भीतर
थे कौन उसको सुनने वाले?

15. सखे वसंत

सखे वसंत तेरा क्या ठौर?
जगतीतल में यहाँ -वहाँ
तुम घुमा करते बन मनमौज।
तुम हो चपल चरण वाले
मैं स्थावर निःशब्द मौन।
इस विश्व में मेरी विपदा
सुनता नही रे कोई और।
परशु घात सहता निशिवासर
मैं रोता रहता होकर मौन।
तुम जब आते खिल उठता हुँ
बनकर के तेरा सिरमौर।
डाल-डाल पंछी का कलरव
नीचे वन्यपशु की दौड़।
भ्रमरों का संगीत सुहाना
सुन-सुन मन होता मदहोश।
जब तुम जाते विकल व्यथित मन
ऊपर से आँधी का दौर।
मानव-दानव जड़ तन काटे
ओ ऋतुपति तुम हो क्यों मौन?
मेरी यह असह्य वेदना
समझेगा फिर तुम बिन कौन।

❧ ❧ ❧

16. परिवर्तन

बचपन से ही,
बड़े-बड़े लोगों के मुख से
सुनता आया हूँ,
बड़े-ग्रन्थों में,
पढ़ता भी आया हूँ कि
परिवर्तन ही संसार का नियम है
पर क्या सचमुच ?
परिवर्तन ही संसार का नियम है !
नजरें दौड़ाता हूँ चारो तरफ
सोचता हूं मंथन भी करता हूँ
पर उक्त कथन मुझे
भ्रामक प्रतीत होती है
रोज एक निश्चित अंतराल पर
होने वाली क्रिया
मसलन दिन-रात, सुबह-शाम,
सुख-दुःख, अमीरी-गरीबी,
जन्म- मरण हर्ष-विषाद,
शैशवावस्था,किशोरावस्था,
युवावस्था,वृद्धावस्था आदि चीजे
सब दिन से
एक निश्चित अंतराल पर
होता आरहा है,
इन बदलावो में थोड़ा भी व्यतिक्रम नही,
इससे इतर कुछ हो तो
समझू परिवर्तन ही संसार का नियम है
राग-विराग,हिंसा-अहिंसा
वीरता-कायरता बेईमानी,ईमानदारी
दानवीरता-हड़पनशीलता
कंजूसी, उदारता,क्रोध,दया,प्रेम, नफरत पहले भी था,आज भी है
और आगे भी रहेगा,इससे इतर
कुछ हो तो मानु परिवर्तन ही संसार का नियम है
ग्रहों का घूर्णन और वृताकार
परिक्रमण अपने निकटस्थ तारों का
एक निश्चित समयावधि में
इनका नष्ट भी हो जाना

फिर नवीन ग्रहों तारों का उद्भव
ये क्रियाएँ अनंतकाल से होती
आरही हैं, और आगे भी
अनंतकाल तक होती रहेंगी
इन क्रियाओं से इतर कुछ हो तो
मानु परिवर्तन ही संसार का नियम है ।

17. जीवन का पल-पल

जीवन का पल-पल बीत रहा
है काम बहुत पर वक्त कहाँ
बंद मुठ्ठी बीच रेत हो जैसे
है क्षण-क्षण आयु बीत रहा

उड़ते थे हम दूर-दूर तक
दूर अभ्र के पार स्वर्ग तक
साँझ हो रही भान न था
गिरा भूमि पर पंख गँवाकर

मन जिसको चाहा रौंद दिया
जिससे चाहा मुँह मोड़ लिया
अहंकारवश मैंने कितने
न जाने घर फूंक दिया

वो चकई थी मैं चकवा था
सर्वोत्तम दिन आनंदित था
जब चूज़े निकले बड़े हुए
वो कातर थी मैं कातर था

वो कृष्ण था और मैं सुदामा
खाता था कसमें गले लगाता
भरी महफ़िल में कर पकड़ा जब
वो द्रुपद था मैं द्रोणा था

एक वक्त था लगता था मुझे
कभी भूल न पाऊंगा तुझे
अब वक्त ने कुछ ऐसा लपेटा
तू सामने थी पर भुला तुझे

✿✿✿

18. नींव का पत्थर

तुम जड़े गए हो ऊपर-ऊपर,
दिखते हो सबको हरपल।
सुन्दर और सलोने छवि तुम
कर गुमान इठलाते हर क्षण ।
विविध प्रशंसा पाकर तुम
फूलकर कुप्पे खड़े हो तनकर।
मन ही मन अचंभित होते
आगंतुक भी तुम्हें देखकर।
रंग विविध में सजधजकर
मन ही मन करते हो नर्तन
मन ही मन गर्वित होते हैं
गृहस्वामी भी तुझे निरखकर ।
मैं नही दिखता मित्र किसीको
मुझसे मतलब नहीं किसीको।
धरती के नीचे दबा हुआ पर
वहन किये रहता हूँ तुझको ।
घुटती साँसों के संग रहकर
तुझे संभालू हरपल हरक्षण।
आता नही रे कोई पास
फिर क्या जानें मेरा क्या क्रंदन।
तुममे मुझमे है भेद बड़ा
तुम ऊपर मैं नीचे दबा।
तुम जीते उन्मुक्त पवन में
मैं घुटता हूँ अवनि के नीचे।
तुम कंगूरे के पत्थर हो
पर मैं नींव का पत्थर हूँ।
तेरा मेरा कोई मेल नहीं है
हिलता मैं पर गिरतें तुम हो।

❧❧❧

19. राष्ट्रधर्म की सूचक हिंदी,हिंदी अमर रहे

लिखने पढ़ने में समान सुन्दर हिंदी अपनी
भारत की गौरव ज्ञान प्राण हिंदी अपनी।
देवभाषा की कुक्षि से निकली हिंदी अपनी
राष्ट्रधर्म की सूचक हिंदी,हिन्दी अमर रहे।
लाख जतन तुम कर लो
ओ हिंदी के घोर विरोधी।
मिट नहीं सकती अब ये
हृदय हमारे अंकित हिंदी।
आओ ऐसा माहौल बनाये भाई
राष्ट्रधर्म बन जाये हिंदी माई
सरकारों में, जन-जन में भी
राष्ट्रबोल बन जाये हिंदी माई
सूर कबीर जायसी मीरा
अनकही तुलसी की पीड़ा।
इनको हम तबहीं समझेंगे
जब हम हिन्दी को समझेंगे।
लाख पढ़ो लिखो तुम इंग्लिश भाई
पर मन की सोचो में केवल हिंदी माई।
आनंद पीड़ा के क्षण में हृदय की भावना
मुख से बहेगी अविरल केवल हिंदी माई।
अंग्रेजी तो बोझ बन गई हम पर अब रे
अकड़े-अकड़े नस फट रही ग्रीवा की अब रे
त्वरित वेग से आओ री हिंदी माई
दुर्धर्ष भार से मुक्ति दिलाओ हे माई।
अब स्वतंत्र पथ पर चल निकली
हर जनमानस में छाई हिंदी माई।
चलचित्रों,खलिहानों बाजारों में अब
सम्प्रेषण भाषा बन निकली हिंदी माई।
राष्ट्रधर्म को आगे रख अब राष्ट्राध्यक्ष
विदेशों में भी बोल रहे केवल हिंदी।
अब न रुकेगीअब न झुकेगी हिंदी मेरी
राष्ट्रधर्म की सूचक हिंदी,हिंदी अमर रहे।
कान खोलकर सुन लो अब
ओ अंग्रेजों के मानसपुत्रों।
भारत के कण-कण फैल रही अब

राष्ट्रधर्म की सूचक हिंदी,हिंदी अमर रहे।

20. हे माई

हे शक्ति प्रदायिनी ज्ञान प्रदायिनी माई
इस जगतीतल पर मोह निशा है छाई।
इस गहन तमस में बनों प्रकाश हे माई।
हर लो मानव के कष्ट गहन तुम माई।
अंधशक्ति से त्रस्त मानवता है माई।
त्राहि-त्राहि कर भाग रहे सज्जन माई।
इस अंधशक्ति में चक्षु विवेक का खोलो
मानव-मानव में प्रेम बढ़े कुछ ऐसा कर दो।
तेरी संतति दानवता से पीड़ित महि पर
तुम दूर खड़ी क्यों मौन,आओ अवनि पर।
हताश निराश मानव उर उत्साह चेतना भर दो
मनुज हिये से कपट हटाकर सरल चेतना भर दो।
गरज रहा निर्द्वन्द्व महि पर नव महिषासुर
भयग्रस्त मनुज भा*ग रहा सूझे नहीं कुछ।
तुम साहस का संचार करो ऐसा मानव उर
ताकि तितर-बितर हो जाये ये नव महिषासुर।

❦❦❦

21. शक्तिस्वरूपा बन जा नारी

शक्तिस्वरूपा बन जा नारी!
हो सम्भव भारत उद्धार!
जिनका कण्ठ न मुखर अभी तक
उनका बन जा तू उद्गार!
शक्तिस्वरूपिणी हे जग नारी
है तेरे हृदय में शक्ति अपार।
भूमंडल पर विपदा भारी
शक्तिस्वरूपा बन जा नारी!
जहाँ-तहाँ फैले भारत में
नरभेष निशाचर स्वेच्छाचारी।
कस लगाम अब इन दुष्टों पर
शक्तिस्वरूपा बन जा नारी!
जब-जब दुष्ट बढ़े धरणी पर
तब-तब तू बनी देवी महि पर।
अबकी भारत पर विपदा भारी
शक्तिस्वरूपा बन जा नारी!
पाप छिपाये मन ही मन वो
नारी देह को भोग समझते
इस दुर्विचार को नष्ट करो
शक्तिस्वरूपा बन जा नारी!
शांत छवि पर जहर हृदय में
हैं फैले भारत के रग-रग में।
इन असुरों से त्राण दिलाने
शक्तिस्वरूपा बन जा नारी!
तुम फिर से दुद्धर्ष रूप धरो
करने भारत का कल्याण।
शक्तिस्वरूपा बन जा नारी!
हो संभव भारत उद्धार!

❧❧❧

22. न जाने वे इंसान कहाँ खो गए हैं!

न जाने वे इंसान कहाँ खो गए हैं!
वे जो चलते थे लेकर जीवनादर्श।
डिगते नहीं थे जो अपने स्वपथ से
चाहे धनकुबेर भी आ जाये पथ में।
मर्यादा की बलिवेदी पर करते थे प्राणदान
मजबूरों के हक में रखते थे हो निडर बात
राष्ट्रचेतना कूट-कूटकर भरी थी जिनके हिये
न जाने वे इंसान कहाँ खो गए हैं!
ईमानदारी विद्या और स्वदेश को
जो रखते थे निज स्वार्थ से ऊपर।
दया प्रेम को हृदय समेटे पर हितकारी
न जाने वे इंसान कहाँ खो गए हैं!
वे भी क्या दिन थे कैसे सच्चे लोग थे!
राजनीति में शुद्ध थे सिद्धांत में अडिग थे।
देश खातिर कुछ कर गुजरने की तमन्ना लिए
न जाने वे इंसान कहाँ खो गए हैं!
जिनके भीतर अदम्य उत्साह था
छीन-झपट से कोसों दूर मन प्रशान्त था।
आँखों में शर्मोहया रिश्तों की समझ लिए
न जाने वे लोग कहाँ खो गए हैं!
बिन कागज कलम बस जुबान जिनका मोल था
प्रतिष्ठा थी जान से प्यारी धन का न मोल था।
अद्भुत थे वे कर्मयोद्धा,कर्मयोगी,समाजसेवी
न जाने वे इंसान कहाँ खो गए हैं!
देख आज की स्वार्थपरता घिन आती है मुझे
राष्ट्रप्रेम कुछ भी नहीं बस मन में भोग-विलास है।
सोचते थे जो राष्ट्र प्रथम, वे लोग कहाँ खो गए हैं!
न जाने वे इंसान कहाँ खो गए हैं!

❧❧❧

23. ओ मीत नवल

नवल चेतना साथ लिए
ओ मीत नवल बन तुम निकलो।
ले नवल विचारों की औज़ारें
धरती को तुम नवल करो।
पुरानी उलझी सी झाड़ी
नवल पौध को लील रही।
इन कंटीली बेढब झाड़ी से
धरती को तुम मुक्त करो।
जर्जर भवन खड़े हैं तनकर
विषपायी जीवों को पाले
दे आघात तुम इन्हें गिराओ
नवल भवन निर्माण करो।
निर्मम आतंकवाद कट्टरता
है मूल नष्ट तुमको ही करना।
न हो अनाथ कोई इस जग में
ओ मीत काम ऐसा कर दो।
अध्यात्म के उज्ज्वल चेहरे पर
विश्वास अंध छा रहा तमस बन।
उसके इस कुत्सित प्रयास को
बन नवल दीप तुम विफल करो।
समय काल जो बीत गया है
उसका मत तुम ध्यान करो।
वर्तमान की नवल मृदा पर
तुम नवल नींव निर्माण करो।
टूटी-फूटी पंकिल राहे
गतिशील नहीं होने देती।
इन राहों को छोड़ चलो तुम
अब नवल राह निर्माण करो।
स्रोतस्विनी का वेग रोककर
वह बाँध बीच में अड़ा खड़ा है।
हो निर्झरिणी निर्बन्ध मुक्त
ओ मीत नवल कुछ जतन करो।
नैराश्य हताशा लिए हिये में
कोई जख्म पुराना लिये खड़ा है।
उसकी सूनी आँखों में फिर

एक नवल चमक भर दो।
नवल गीत में नवल राग हो
नवल नीति में नवल न्याय हो।
हो विश्वास नवल और आस नई
ओ मीत मंत्र जग नवल भरो।
नवल चेतना साथ लिए
ओ मीत नवल बन तुम निकलो।

24. प्रतीक्षा

प्रतीक्षा में डूबी मेरी आँखें
अनवरत अपलक ।
निहारती रहती है,
गली के उस मोड़ को,
जिधर ओझल हुआ था वो ।
वर्षों बीत गए,
कह के गया था वो, मैं आऊंगा जरूर ।
तबसे प्रतीक्षा में डूबा है मेरा मन,
उस राह पर,
बुढ़ाती, हड्डियों तथा धुँधली होती
नजरों के साथ,
प्रतिदिन सुबह आशा,
दोपहर उत्कंठा,
और शाम को निराशा लिए,
मुंदती है मेरी आँखें,
अश्रुपूरित पलकों का भार लिए ।

❧ ❧ ❧

25. क्या लिखूँ

धवल अचल से झरते झरने
फूलों पर मँडराते भौंरे,
करते सन-सन पवन झीकोरे
या मेघा मल्हार लिखूँ?
बोलो कविते मैं क्या लिखूँ?
स्वर्णिम चादर ओढ़े तारापथ
देखो प्राची से झाँके प्रभाकर
पुष्करिणी अंभोज रक्त सम
या शीतल मन्द बयार लिखूँ?
बोलो कविते मैं क्या लिखूँ?
विरही पपिहरे का विरह राग
थिरकते मत्त मयूर का मिलन राग
नहीं बूँद सेवाती प्यासा चातक
या कोयल का गान लिखूँ?
बोलो कविते मैं क्या लिखूँ?
प्रियतम के इंतजार में रमणी
खड़ी देहरी अपलक ताके,
नैराश्य तिमिर बीच आशा चमके,
या आतुर हृदय पुकार लिखूँ?
बोलो कविते मैं क्या लिखूँ?
तिरछी नयनों से ताके बालम
अँखियों में शरमाये काजल,
एक दूजे को ताके छुप-छुप
उनके प्रणय श्रृंगार लिखूँ?
बोलो कविते मैं क्या लिखूँ?
हूँ अंतस में पीड़ समेटे
आँखों में अश्रु को रोके
कर्तव्यों की बलिवेदी पर
स्व इच्छा बलिदान लिखूँ?
बोलो कविते मैं क्या लिखूँ?
मातृभूमि की आन की पर
जो प्राण न्योछावर करते हैं,
दुश्मन को जो देते सिहरन
क्या उनका मैं हुंकार लिखूँ?
बोलो कविते मैं क्या लिखूँ?

रोते कशमश गोदी बच्चें
दूध नहीं रे दुर्बल तन में
चीत्कार कंठ करने को आतुर
क्या झूठे लोरी गान लिखूँ?
बोलो कविते मैं क्या लिखूँ?
अशक्त पिता बिस्तर पर लेटे
पुतली घूमे दसों दिशा रे,
इंतजार में प्राण न निकले
क्या पितृ हृदय पुकार लिखूँ?
बोलो कविते मैं क्या लिखूँ?

26. सुख दुःख के पल्लव

"सुख-दुख के पल्लव" जीवन में
हैं उगते झड़ते रहते प्रतिपल।
कभी अक्ष चमक आनंद अकथ
कभी तीक्ष्ण काँट बन चुभता तन।
इक झड़ जाता इक उग आता
नहीं जीवन तरु खाली होता।
पर कभी-कभी जीवन में दीपू
इक पतझड़ मौसम भी आता।
उस जीवन पतझड़ मौसम में
रे सब साथ छोड़कर चले गए।
रह निपट अकेला रुदन अंतस
बढ़ते धड़कन तन काँप गए।
अमावस फिर पथ भी भूला
डगमग पग वो गिरता पड़ता।
नैराश्य निशा संग रहा अकेला
मझधार बीच जस डूबती नैया।
बन पतझड़ में ठूँठ तरुवर
ज्यों निष्कंप खड़ा रहता है,
वैसे ही तुम उस झंझा बीच
अविचल स्थिर बनकर रहना।
धीरज से इस दुख को सह जा
अब पतझड़ पाहुन जानेवाला है।
लेकर नव पल्लव उमंग का
वो सुख वसंत आनेवाला है।
नहीं मोहग्रस्त होना वसंत में
समभाव वहाँ भी थिर रहना।
लो ओ भी अब जाने ही वाला
अब ग्रीष्म ताप आनेवाला है।
पल में दुख है पल में सुख है
पल-पल मन हँसता रोता।
"सुख-दुख के पल्लव" पाहुन
फिर क्यों पल-पल रोना हँसना।

27. तुम कहते हो

तुम कहते हो
जीवन एक बोझ है,
सुख-दुःख का झोल है।
मैं कहता हूँ
जीवन अनमोल है
रहस्यों का शोध है।
मुझे चलते रहना है निरंतर
क्योंकि कहा था
हमारे पूर्वजों ने
चरैवेति-चरैवेति।
चलना है मुझे लेकिन,
चलूंगा उन जीवन मूल्यों
के साथ,
जिसे चलते-चलते
ढूंढा था हमारे पूर्वजों ने
तीक्ष्ण नजरों,अथक शोधों
और गहन बोध के साथ।
मुझे उन पैरों के
निशां ढूंढकर
जाना है उसके पार
जहाँ पर छोड़ा था उन्होंने
अपना अंतिम चरण निशान।

❧❧❧

28. जीवन तेरी यही कहानी

जीवन तेरी यही कहानी
पग-पग बाधा रुकी रवानी।
संघर्षों का गठ्ठर सिर पर
चलती नहीं कभी मनमानी।
आस निराश के दो तीरों बीच
सरित कामना की अति चौड़ी
सुकृत्य दुष्कृत्य पतवार सहारे
बन नियति नाव डोली मझधार
मोह-माया मझधार भँवर सम
पँच रंगी सुन मछली रे
त्रिगुणमयी बिछी जाल नार मह
कैसे खुद को बचाऊँ रे।
सुख साधना के चक्कर में
हम खुद ही खुद को भूल गए
था जो घर अपना पीछे छूटा
अब तप्त रेत पग झुलसा रे।
सुख आस धैर्य रखते-रखते
वो स्वर्ण काल भी बीत गया
मन रीता अब उम्र भी बिता
हम ठगे पथिक सम खड़े रहे।
सब कुछ करने पर भी रे
वो नेह नेत्र नहीं दिखता।
बस डाह लोभ का नेत्र ही घूरता
तन मन छलनी करता रे।
कभी अंतस कोमल फूल सजा था
कोमल-कोमल भाव सेज पर।
अब हिय आग में जल-जलकर
वो फूल बना अंगार दहक।
त्रिगुण बंधन लिपटा तनमन
सोया मोह कोठरी अंधा बन।
जब नींद टूटी तो लुटा पीटा था
पाश्चाताप अश्रु बस था ही संग।
त्रिगुण बंधन तोड़े इस संसृति
चले त्रिगुणातीत की छाया में।
मिलता वहाँ दर्पण एक अद्भुत

जो जमी अंतस काई दिखाता रे।

29. नववर्ष

झेल सुख-दुःख विगत वर्ष
देखो आ गया फिर नववर्ष।
फिर से मंगल सपन सँजोये
हूँ उत्कंठित स्वागत नववर्ष।
बारह मास बीतते-बीतते
कई संगी साथी छूट गए।
इन माहो में और न कितने
नव संगी साथी जुड़ गए।
हो शुभ-शुभ हर जीवन में
हम कामना यही करते रहे।
पर सहोदर अशुभ अनचाहा
इस जीवन दरम्यां गुजरते रहे।
हो जाये स्थिरप्रज्ञ हर मानव
बस है नव कामना यही मेरी
भूधर सम चरित्र लेकर वह
झेले आँधी ओला फुहार सब।

30. जब टूटता है रिश्ता

जब टूटता है रिश्ता और
मिटती है आस ।
टूटते हैं मधुर स्वप्न
फटता है कलेजा ।
उमड़ते है जज़्बात
हूक सी उठती है ।
आँखों से बहती है
सिसकता है दिल ।
बिखरती है जिंदगी
बिखरता है परिवार ।
बोझिल होते हैं दिन
बेचैन होती हैं रातें ।
आक्रोश भी होता है
रोना भी आता है ।
हम छले गए उससे
ऐसा महसूस भी होता है ।
अब छोड़ो इन बातों को
व्यर्थ के जज्बातों को ।
ये रिश्तों की डोर नही
स्वार्थ की रस्सी थी ।
टूटना था टूट गई
सच तो पता चल गया ।
स्वार्थ की दीवार थी
आया समय, दरक गई ।
हाँ ये दीगर बात है कि
ये है पता तभी चलता ।
जब टूटता है रिश्ता ।

❧❧❧

31. दर्द का अंगार

दहकता दर्द का अंगार
जलन सीने में अपरंपार।
जलन बाहर भी निकला रे
नयन से अश्रु बन अपार।
अपनी आँखों से मैंने तो
सन्देशा नेह भेजा था।
लिए उपहास सम उतर
वो मेरी ओर लौटा था।
भरा नैराश्य पीड़ा से हृदय
दहक थी उसकी बातों में।
दर्द का अंगार लिए फिर भी
मैं खोया उसकी यादों में।
अभी कुछ दिन ही पहले वो
मेरी आँखों का तारा था।
बना वो दर्द का अंगार अब
नयन चुभता सा काँटा है?
पीड़ ताप से झुलसा हृदय रे
वो बन गया इतना निदय रे।
ये भूल थी या और थी कुछ
वो क्यों हो गया इतना सपन रे?
झटककर हाथ को उसने
जो रिश्ते नेह तोड़े थे
जलन थी मेरी आँखों में
चुभन थी उसकी बातों में।
वो झूठ था मेरा सपन सब
काँच था टूटा बिखर कर।
अब पिघल रहा नस-नस में वो
हिय दर्द का अंगार बन।
अब शीतल जल सम बात भी
बन भाप हृदय उड़ती फिरती।
अँखियों के कोरो से निशिदिन
बन अश्रु बून्द झरती रहती

❧❧❧

32. उलझन

सोचा था तु आयेगी बहार बनकर।

पर आई तु तीखी तलवार बनकर।

घर में जब भी आता हूँ निढाल बनकर।

तु काटने को दौड़ती है कराल बनकर।

अपनों से जुड़ी थी जो शिरायें प्राण बनकर।

तु करने लगी प्रहार उसी पर चाण्डाल बनकर।

रोता तड़पता रहता हूँ मैं असहाय बनकर।

तु जिद पर अड़ी रहती है शैतान बनकर।

मैं ख्वाबों में था, बरसेगी तु मेघ बनकर।

पर कड़क रही तु जीवन मे दामिनी बनकर।

सोचा था तु लिपटेगी मुझसे चमेली बनकर।

पर लिपट रही है तु मुझसे व्यालिन बनकर।

हमेशा जीवन मे आती रही तु सवाल बनकर।

रूह काँपती रही मेरी सूखी पतियाँ बनकर।

क्या पता किस रूप में आओगी बनकर।

उलझाव है ऐसा कि तू रह गई उलझन बनकर।

❧ ❧ ❧

33. फूल सा चेहरा

वो फूल सा चेहरा मेरा
अब आँसुओ में डूब गया।
प्यार जो पाला था मन में
वह आँसुओ में बह गया।
एक समय बाबुल के आँगन
चहक रही थी इधर उधर।
थी सुनती बाबुल की बातें
है मेरी बेटी सबसे सुनर।
आह! वो दिन याद कर-कर
जल रहा दिल रो रहे मेरे नयन।
है वाह्य सुख से परिपूर्ण जीवन
पर एक रिक्तता सी छाई हुई है।
आह!कितने भोले थे मेरे
जन्मदात्री और जनक।
ढूंढ लिया था मेरी खातिर
चमक-दमक से पूर्ण घर।
दमक उनकी देख स्वर्णिम
था पितृ अक्ष चुंधिया गया।
देख न पाए उस जहर को
था जो हृदय में छुपा हुआ।
वो प्यार जिस पर लड़कियाँ
कर देती है कुर्बान सबकुछ।
पर वो नहीं था उनके भीतर
सिर्फ भरे हुए थे छल कपट।
आह!देख उनका व्यवहार निष्ठुर
सिर्फ कोसती हूँ भाग्य को निज।
मूक मुख मस्तिष्क सुन्न मुखड़ा विवर्ण
बस उमड़ रहे निज चक्षु से अश्रु अजस्र।

❧❧❧

34. ये जाड़े की धूप

ये जाड़े की धूप गुनगुनी
जो करती है दूर ठंड की कनकनी।
पर मैं उस स्वप्न का क्या करूँ,
जो अब तलक मेरे जीवन में,
रहा हमेशा अनकहा और देता रहा
मुझे एक असहनीय तीव्र कनकनी।
गुजरता रहा हमेशा जीवन मेरा
एक अदृश्य अबूझ पतझड़ जैसा।
जीवन का वो आनंद मौसमी
जिसकी चाहत रही हमेशा
पर कोई चाहत क्यों साकार न हुई?
क्यों मेरा जीवन हमेशा लगता रहा
मुझे सूना-सूना और अटपटा?
जब भी श्रृंगार रस पर लिखने की इच्छा हुई बलवती,
मेरा हृदय क्यों शुष्क ही रहा?
क्या कल्पना का साकार न होना
बना देता है जीवन को नीरस?
वो आती रही हमेशा,
स्वप्नों और कल्पनाओं में।
पर सपना कभी साकार न हुआ।
वो रस जिससे,
हृदय भरा था लबालब।
बहते-बहते सूख गया,
हो गया अब शुष्क।
श्रृंगार आया ही नहीं जीवन में
तो विरह भी आता कैसे?
मिलन हुआ ही नहीं तो
बिछुड़न भी होता कैसे?
इसीलिए तो मेरे जीवन में,
ये जाड़े की धूप गुनगुनी
अब लगने लगी है मुझे अटपटी।

35. रे मन

तेरे जीवन से आस के वे पल
उल्लसित प्रतीक्षा में डूबा मन
जीवन के वे स्वप्निल मधु क्षण
सब रेत सरीखे बिखरी ।
रे मन तु करे प्रतीक्षा किसकी?
तेरे जीवन में जो अपने थे,
जिसके तुम दृग के तारे थे,
सब छोड़ गये तुम्हे शनैः-शनैः
फिर भी नजरें ,हैं पथ पर अटकी ।
रे मन तु करे प्रतीक्षा किसकी?
प्यारे बाबुल भी चले गये,
प्यारी मईया भी चली गई,
अब करे नही मनुहार कोई,
फिर करे आस तु किसकी?
रे मन तु करे प्रतीक्षा किसकी?
ओ समय भी तुमसे रूठ गया,
जब रूठा करते थे पल-पल,
अब स्वार्थ सनी मीठी बतियां,
खंजर समान हैं चुभती ।
रे मन तु करे प्रतीक्षा किसकी?
उठ-उठ अब तेरे जीवन में ,
वो प्यार नही आनेवाला,
तेरे जीवन के सरल डोर,
उलझी अब गुत्थम गुत्थी ।
रे मन तु करे प्रतीक्षा किसकी?
जिसका प्रेम न घटता बढ़ता,
जो घट-घट कण-कण में बसता,
उलझे डोर सुलझायेगा वही,
शरण गहो अब उसकी ।
रे मन तु करे प्रतीक्षा किसकी?

36. धैर्य

झूठ है रे धैर्य नायक रत्नाकर
तेरी कुक्षी में उठता बड़वानल,
और उठती अधीर सी
उसकी ऊँची उत्ताल तरंगे।
झूठ है री धैर्य नायिका धरित्री
तेरा अधीर सा विनाशकारी विचलन।
तू भी फट जाती है
अपनी कुक्षी में उठते
किसी भयावह अनाम तरंग से।
झूठ है रे विपिन तेरा दावानल
और विचित्र सी आकुलता में
ऊँची उठती तेरी लपटें।
जरा उस विकल विवश
खिसकने को आतुर
चीथड़ों में लिपटे,
आस और नैराश्य से सने
उत्सुक आकुल प्रतीक्षित
बालक के उस गहरी आँखों में झाँक!
कितने धैर्य और कुशलता से
दबा रखा है उसने,
अपने भीतर तीव्र वेग से
उठती इच्छाओं तथा
असहनीय हाहाकारी जठरानल को।

❧❧❧

37. संवेदन व्यथाओं का

संवेदन व्यथाओं का
ताउम्र मानव जीवन में
रुक-रुक कर लगा रहता है
मौके बेमौके आना-जाना।
उस स्रष्टा ने जो भर दी है न
जबरन हमारे भीतर
संवेदन व्यथाओं वाला।
बड़ा दर्दीला है यह
कभी चुभता है यह
कभी सुलगता है यह
कभी रुलाता है यह
पर यह दर्द सुलगन
चुभन और रुलाई
गैरो से नहीं यार
अपनों से ही मिलती है।
कभी बिछुड़न कभी धोखा
यही तो रूप है इनका।
हम मानव हैं न मन को
धारण करने वाले,
मनु की संताने।
बस अनंत संवेदनाएं
तैरती रहती है,इस मन के
अथाह सागर में।
पर जब संवेदन व्यथाओं का
आता है सतह पर
तड़प जाता है दिल
सुलग उठता है मन
बरस जाती है आँख।
और उस समय हमारा मन
ढूँढता है कोई कोना एकांत

38. प्रेम नदी

तुम्हे प्रेमगीत पसंद है
मुझे प्रेम कृत्य पसंद है ।
तुम प्रेम प्रवचन करते हो
मै मौन प्रेम गुनता हुँ।
तुम प्रेम सुनते हो
मैं प्रेम करता हूँ।
तुम प्रेम नदी पर चलते हो
नाव और पतवार के सहारे।
मैं प्रेम नदी में तैरता हूँ
हाथ और पाँव के सहारे।
तुम प्रेम भँवर से बचते हो
मैं प्रेम भँवर को ढूढ़ता हूँ।
डर है तुम्हें प्रेम नदी में डूब जाने का
रोमांचित हूँ मैं नदी में डूब जाने के लिए।
तुम प्रेम नदी की लंबाई मापते हो
मैं इस नदी की गहराई मापता हूँ।
तुम्हें इस नदी के उस पार जाना है
पर मुझे तो इसी नदी में डूब जाना है।
तुम्हारा प्रेम स्वप्निल है कोमल है
मेरा प्रेम हकीकत है कठोर है।
हमदोनों का मिलना असंभव है
बालुका तेल सम सम दुष्कर है।
क्योंकि तुम शीतल चाँदनी में खड़ी हो
मैं तप्त दोपहरी प्रखर धूप में खड़ा हूँ।

❧❧❧

39. सुबह

हैं खिलते सहास देखो पुष्प गुच्छ
मँडराते अविराम देखो मधुप झुंड।
हँसा प्राची साथ लेकर मलय इत्र
लो गा रहा आनंद मग्न शकुन वृंद।
देखो वायु झोंके डोल रहे तरु वृन्त
करे सरित घाट वेद पाठ विप्र वृंद।
देखो उड्गण विलीन हुए देख दिन
अब चन्द्रमा भी हो चुका है श्रीहीन।
माँ गैया रंभा रही दुग्ध दुहन हित
है बछड़ा बेकाबू दुग्ध पीवन हित।
किसान भाई जोत रहे खेत निज
वह गुनगुनाती आँगन बुहारे निज।
अरुणिम अनन्त हर्ष दसों दिश
दौड़ रहे हैं इधर-उधर बाल वृंद।
है दिख रहा चहुँओर मनोहर दृश्य
हिय छा रहा अनुराग तन करे नृत्य।
मधुर वाणी बोल रहें बागों में पिक कीर
हाथ जोड़े मैया भी ताक रही पूरब दिश।
चलो बिस्तर को छोड़ो करो कर्म निज
अब तो हो गया उजास देखो चहुंदिश।

❧ ❧ ❧

40. उफ्फ ये गर्मी!

दहकता सूरज पिघलती बर्फ
सूखती नदियाँ सूखते तड़ाग।
झुलसते तन झुलसते मन
झुलसते दुब झुलसता जगत।
नदियों में बचा जल चुल्लूभर
प्यासा हिरण ताके इधर-उधर।
बूढ़ा बरगद सुस्ताते राहगीर
पीपल की छाया कोई लेटा गमगीन
प्रचंड दोपहरी किसान मजदूर
योद्धा सम झेल रहा सूर्य मयूख।
वस्त्रों के नीचे सुरसुराता बदन
चिपकी गंदगी खुजलाता बदन।
पथरीली पंथ मारे है डंक
ऐसे में कैसे निकलूँ हे कन्त।
ओ सूरज तू अब ना दहका
ओ बदरी तू इनपर छा जा।
मारे है बरछी उफ्फ ये गर्मी!
अब तो आजा वर्षारानी।

41. उड़ान

तुम्हारी ऊँची उड़ान पर
अनगिनत नजरें
ताक रही होंगी तुम्हें।
प्रेम का,गर्व का,प्रसन्नता का
ईर्ष्या और द्वेष का भाव लिए,
अलग-अलग होंगे नजरों के रंग।
कुछ ऐसे भी होंगे जो लालच में
जीभ लपलपाते लार चुआते
सतृष्ण तुम्हें ताक रहे होंगे।
वो तुम्हें निगल
अपना अस्तित्व बचाएंगे,
अथवा तेरा भक्त बन
अपना जीवन चलाएंगे।
उड़ो-उड़ो खूब ऊँचे उड़ो
पर सावधान!
अभी का उड़ान पहले से
ज्यादा जोखिम भरा है।
सुना है बाजों ने आजकल
अपना रंग बदल लिया है।
इधर बहेलियों ने भी बदल लिया है
अपने जाल का आकार और प्रकार।

42. ओ कौवे

ओ कौवे तुम कहाँ गए
क्या धरती छोड़ गए?
पहले तुम हरदम रहते थे
काँव-काँव खटपट करते थे।
जूठे रोटी और जूठे भात
खाने को तत्पर रहते थे।
बचपन में मेरे हाथों के
रोटी तुम झपटा करते थे।
तुम खपरैल घरों पर बैठे
इधर-उधर ताका करते थे।
जब मैया कहती थी तुमसे
उचरो-उचरो रे तुम कौवे।
दूंगी तुमको आधी रोटी
आयेंगे क्या मेरे साथी
या आयेंगी उनकी पाँती।
सुनकर तुम मैया की गुहार
थे उड़ पड़ते कर काँव-काँव
मैया खिल उठती थी सहास।
बेचैनी उनकी कम होती थी हठात
फिर गृह कारज थी करती सोल्लास
लपक-झपक तुम आते-जाते
इस मुँडेर से उस मुँडेर तक।
कोई आनेवाला है परदेसी
कर काँव-काँव संदेशा देते।
कुछ तो गलत किया हमने
जो शनैः-शनैः तुम विदा होरहे
क्यों लुप्त हो रहे तुम ओ वायस
रही क्या दुनियां नही तेरे लायक।

43. नारी

गुलामी और आजादी की
कहानी से बहुत पहले,
वर्ण व्यवस्था कायम
होने से भी बहुत पहले,
समाज की आधी आबादी,
नियमों और कायदों की
जंजीरों में जकड़ी,
तड़फड़ाती अकुलाती दुखियारी,
कब स्वातंत्र्य रस से दूर हुई,
कब बन गई वह छुईमुई,
भान ही नहीं हुआ उसे।
डाला गया उसके
जेहन में भीतर तक,
तुम्हारा कोई स्वतंत्र अस्तित्व नहीं।
तुम्हारा कोई अपना,
जीवन का लक्ष्य भी नही।
कौमार्या अवस्था पिता के आधीन,
पिता नही तो भाई के के आधीन,
विवाहोपरांत पति के आधीन,
पति नही तो पुत्र के आधीन,
उसे साजिशन बनाया गया,
किसी न किसी मर्द के आधीन।
लिख दिया गया इसे
वेदों पुराणों उपनिषदों में
संविधान की तरह,
पढ़ाई लिखाई से रखा गया
उसे कोसो दूर।
पढ़ लिख गई भी तो क्या,
पढ़ना तो उसे यही सब था,
जो लिखा गया था साजिशन
संविधान की तरह ग्रंथों में।
पढ़ी लिखी तो थी
गार्गी और मैत्रेयी भी,
रचा उन्होने वेद की ऋचाएं भी।
पर क्या फायदा?

एक शब्द भी नही लिख पाई
नारी स्वातंत्र्य के बारे में।
इसमें उनका भी क्या दोष,
वो तो वही लिखेगी न,
जो पढ़ा था बचपन से जवानी तक।
एक हुई थी द्रौपदी,
पुरुष बहुविवाह के खिलाफ,
स्त्री बहुविवाह की सुत्रपाती,
पर क्या हुआ सबने देखा।
पतियों ने वस्तु समझ,
लगा दिया उसके
अस्तित्व को ही दाँव पर।
एक ने दाँव पर लगाया
दूसरे ने वेश्या कह उसे,
भरी सभा में नंगा करने का
कुत्सित प्रयास किया।
उसने तर्क किया,
पर उसके तर्को को,
सुनने वाले कौन थे?
वही पुरुषों का जमघट,
वहाँ उस सभा में ,
एक भी नारी नही थी
जो खड़ी हो सके
उस अन्याय और
अत्याचार के खिलाफ,
सभी तो थी
नियमों के जंजीरो में जकड़ी
घर के अंदर,पर्दे के भीतर,
वो जो नारी स्वातंत्र्य का बीज था,
उसे उसी दिन,
दबा दिया गया था,
मिट्टी की गहरी गहराई में,
वो बीज जिसे दबा दिया गया था,
अब धीरे धीरे अंकुरित होकर
आरहा है फिर से सतह पर।
आज की इस दौड़ में ,
कई निर्भीक नारियों ने
बिगुल फूंक रखा है गुलामी सदृश्य
असहनीय नियम कायदों के खिलाफ।

वो ललकारती हुई मर्दों के समाज को,
निर्भीकता पूर्वक,
बना रही अपना
स्वतंत्र अस्तित्व और नवीन पहचान।
कई पुरुषों को भाता नही,
उनका बेबाकीपन
और निराला अंदाज,
इसीलिये वो लगे हुए हैं फिर से,
उस अंकुरित होते बीज को मसलने में।
नारी स्वातंत्र्य की बलिवेदी पर,
ये जो निर्भयाये शहीद हो रही है,
इनके रक्त का एक एक कतरा,
इतिहास बनेगा,
नारी के स्वतंत्रता संग्राम का ।

❧❧❧

44. रावण फिर आ गया

चहुँ ओर दशानन गरज रहे
सज्जन पीड़ा से तड़प रहे।
काम क्रोध मद लोभ में पड़कर
बहुसंख्य आबादी विकल हुई।
भ्रूण हत्या की आशंका से
गर्भस्थ बेटियाँ सिसक रही।
ऐसे निशिचर फिर पनप रहे
रिश्तों पर जिनका स्वार्थ है भारी।
अदृश्य रूप रावण अब फिर से
गली-गली में घूम रहा।
भ्रातृप्रेम अब दूर की बातें
पुत्र पिता संग झगड़ रहा।
हृदय-हृदय में डाल भ्रांति
शांति रावण फिर चुरा रहा।
व्याकुल मानव शांति की खातिर
दर-दर फिर से भटक रहा।
घुस गया रावण रिश्तों में
क्षण-क्षण रिश्ते अब रिस रही।
बहू बेटियाँ लाज के मारे
चुप-चुप घर में सिसक रही।
दौड़ो-दौड़ो हे राम हमारे
धनुष बाण लेकर आओ।
शांति स्वरूपा मातु सिया को
तुम रावण से फिर छुड़वाओ।
भेजो फिर से खोज में उनके
जामवंत अंगद बलधारी।
विपत्ति समुद्र के पार जो जाये
भेजो हनुमद् बलराशि।

45. चाहता हूँ

मैं चाहता हूँ
एक ऐसा शोर
अपने चारो तरफ।
जिसमें दब जाए
वो आवाज
जिसे मैं सुनना नही चाहता।
मैं चाहता हूँ
एक ऐसा सन्नाटा
अपने चारों तरफ
जिसमें सुन सकूँ
वो आवाज
जिसे सुनने को
तरस रहे मेरे दोनो कान।
मैं चाहता हूँ
एक ऐसा गहन अंधेरा
अपने चारों तरफ
जिसमें मैं वो न देख सकूँ
जिसे मैं देखना नही चाहता।
मैं चाहता हूँ
एक ऐसा तीव्र प्रकाश
अपने चारों ओर
जिसमें मुझे वो दीख जाये
जिसे देखने को तरस रहे
मेरे दोनों नयन।
मैं चाहता हूँ
एक ऐसा वातावरण
अपने चारों तरफ
जिसमें नफरत के बीज
नष्ट हो जाये
अंकुरित होने से पहले ही।
मैं चाहता हूँ
एक ऐसा चैतन्य वातावरण
अपने चारों तरफ
जिसमें जड़ता और निरजीविता
भौतिकता और दिखावा

बिल्कुल नजर ही न आये।
मैं चाहता हूँ
इतना थका दूँ
अपने इस शरीर को
जिसमें ले सकूँ वो नींद
जिसमें फिजूल स्वप्न और
बैचैन करवटें न हो।
क्या ऐसा हो सकता है?
जानता हूँ ,नही हो सकता।
व्यष्टि की चाहत,कभी भी
समष्टि की चाहत नही होती।

46. चूड़ियाँ

मर्द की मर्दानगी को
ललकारते कुछ लोग
क्या तुमने
चूड़ियाँ पहन रखी है?
बोल ऐसे रहे हैं मानो
चूड़ियाँ कायरता की
निशानी हो।
इस कहावात में भी
नारी का अपमान
अपमान भी ऐसा कि
स्वयं नारियों को भी
होता नही इसका भान।
वो भी इस कहावत को
दोहरा देती है अक्सर,
गाहे-बगाहे
समझे बिन बात।
इतिहास हो या हो वर्तमान
मैंने न सुना न पढ़ा यह बात
कि कोई नारी भी युद्ध क्षेत्र से
या विकट परिस्थितियों से
घबराकर हुई हो फरार।
मैंने सीता को देखा
अति बलशाली वैभवशाली
त्रिलोक विजयी
रावण से जूझते हुए,
हार न मानते हुए।
मैंने द्रौपदी को देखा
भरी सभा में चिर खेंचते दुश्शासन को
ललकारते हुए,
अपनी इज्जत की खातिर
संघर्ष करते हुए,
हार न मानते हुए।
मैंने दुर्गा को देखा,
मैंने काली को देखा,
ऐसे ऐसे भयंकर दैत्यों का

संहार करते हुए,
जिनके सामने से,
ये तथाकथित,
पुरुष देवताओं का समूह,
भयक्रान्त होकर,
बन चुके थे रणछोड़।
मैंने सावित्री को देखा
यमराज को निरुत्तर करते हुए,
अपने पति का प्राण वापस लाते हुए।
मैंने अत्रि पत्नी अनसुईया को देखा
कलुष भाव से खड़े ,त्रिदेवो को
नन्ह सा बालक बनाते हुए।
मैंने झाँसी की रानी लक्ष्मीबाई को देखा
अकेले दर्जनों अंग्रेज सैनिको का
सर कलम करते हुए,
प्राण जाने तक हार न मानते हुए।
मैंने देखा कलिंग राजकुमारी को
महान शासक चंड अशोक को
युद्धक्षेत्र में ललकारते हुए
उसको नतमस्तक करते हुए।
मैंने देखा मध्ययुग में,
अपने इज्जत की रक्षा खातिर
जौहर करती असंख्य नवोढाओ को।
आज भी देखता हूँ ,
आज की निर्भयाओ को
अपनी अस्मिता की रक्षा में
प्राणान्तक संघर्ष करते हुए
उन नरपिशाचों से।
मैंने देखा है कई पुरुषों को
विषम परिस्थितियों में
डरकर घबराकर
भागते हुए समझौता करते हुए।
पर मैंने आजतक नही देखा
किसी नारी को इस तरह
भागते हुए समझौता करते हुए।
स्त्रियाँ खुद से खुद को
समेट लेती है
एक विशेष दायरे में।
वो शक्ति स्वरूपा है

इसीलिये उसे नही है अभिमान
बिना बात वीरता दिखाये दिन रात
नारियाँ झुकती भी है
परिवार की खातिर
करती समझौता भी है
पर स्वाभिमान के साथ
पर जब सवाल हो
इज्जत अस्तित्व और स्वाभिमान का
वह टूटती है बिखरती है
पर झुकती नही है।

47. मैं दीप हूँ

मैं दीप हूँ ,दीया हूँ,चिराग हूँ,शमा हूँ
और न जाने,क्या-क्या हूँ।
मगर है काम सिर्फ एक,
जगत में रौशनी फैलाना।
फैलाता रहता हूँ मैं,
जगमगाती रौशनी,
जब तलक रहता है मुझमें प्राण।
उस रौशनी में
पहचान लेते है सब,
एक दूजे के चेहरे को,
पहचान लेते है उसे भी,
मेरे ज्ञान के प्रकाश में
छिपे रहते है जो,
दिल के अंदर।
छल को,प्रपंच को,
प्रेम को,तिरस्कार को,
अपने को, परायो को,
साधु को,शैतान को।
मेरे आलोक में,
भटकने से बच जाते हैं
बहुतेरे लोग,
अपनी प्राण शक्ति को जला -जला
करता रहता हूँ ,
उस गहन,दुष्कर,
डरावने तिमिर में ,
सबकी सेवा,
पर इनमें होते है कुछ नादान,
जो मुझे छुने की,
अपने आगोश में लेने की
करते है कोशिश,
कई कई बार।
जल जाते हैं वे भभक कर
होकर नाकाम।
बिछ जाते है फिर
मेरे चारो ओर।

कुछ तो इतने निकट,
गिरते हैं जलकर,
जिसे मैं देख भी नही पाता,
क्योंकि मेरी आँखे
होती है असमर्थ,
झाँकने में निकट।
वो इसलिए कि,
मै दीपक हूँ,दीया हूँ
मेरे तल में ,
मेरे शरीर के एकदम पास,
छाया रहता है,
निरंतर अंधेरा।
शायद मैं शापित भी हूँ ,
इस शाप से,निकलने की ,
कोशिश की है मैंने
अनेको बार,
इस चक्कर में
भभका हूँ मैं,
न जाने कितनी बार।
मेरे इस भभकन में ,
जले हैं बहुतेरे घर,
अनेको अनेक बार।
मै दीप हूँ,दीया हूँ,चिराग हूँ शमा हूँ,
और न जाने क्या क्या हूँ।

48. भीष्म

जीवन के विशाल अनुभवों को,
अपने हृदय में समेटे,
वह आधुनिक बूढ़ा भीष्म
जिसके शरीर हैं,
असंख्य झुर्रियों से अलंकृत।
जिसने सारी जवानी खपा दी,
अपने परिवार की सुरक्षा खातिर,
आज पड़ा हुआ वह
किसी एकांत कोने में।
जूझ रहा है वह
असहनीय पीड़ादायी
नीरव अकेलेपन से।
अपनी ही संतति के
वाग्बाणों से जर्जर,उपेक्षित
उसका शरीर और मन
छटपटा रहा है।
पड़ा-पड़ा वह
किसी अर्जून के इंतजार में।
नजरे दौड़ाता है,अपने चारों तरफ,
किसी कृष्ण कृष्णा युधिष्ठिर के लिये।
पर पाता है अपने लिए
एक उपेक्षा तिरस्कार तथा
व्यंग्यात्मक भाव।
सबकी नजरे एक विचित्र तथा
अकल्पनीय भाव लिये मानो,
उसके मरने का इंतजार कर रही है।
तिलमिला उठता है वह
बकने लगता है वह
अंटसंट
अपने जिगर के टुकड़ों के लिए ।
कदाचित ज्यादा दुःखी है
आज का भीष्म,
वह घर से बाहर था
फिर भी घर के अंदर था,
यह घर के अंदर है

फिर भी घर से बाहर है।

49. स्कूल बैग

बस्ता जो कभी हल्का होता था
अब स्कूल बैग बनकर भारी हो गया है।
इस बैग में अनेक तरह की किताबें है।
इन अनेक तरह की किताबों में
स्वजनों के अनेक तरह की
हसरतें भी है
इन हसरतों और किताबों के बीच
पेंडुलम बना मैं
कभी हसरतों की ओर देखता हूँ
तो कभी किताबों की ओर।
हसरतें दिल पर बोझ बनी बैठी है,
स्कूल बैग कमर पर।
कमर झुकती है, दुखती है
दिल कुहूकता है रोता है,
क्योंकि उन तमाम हसरतों
और किताबों के बीच
मेरी अपनी आजादी से
खेलने की हसरतें
बुरी तरह दब रही है
पिस रही है।

50. जीवन पथ

जीवन पथ है अजब पहेली
कही बूझ कही अबूझ पहेली।
कहीं ऊँचाई कही नीचाई
समझ नही कुछ आता भाई।
चरण तले कही फूल बिछे हैं
कहीं पर काँटे ही काँटे हैं।
उबड़-खाबड़ समतल कीचड़
कहीं पर रोड़े ही रोड़े हैं।
लता उलझती कभी पाँव में
जीवन की गति रुद्ध कर देती।
कभी तीव्र आंधी के तीव्र थपेड़े
हमकों गिरा-गिरा पथ देते।
राह कठिन उत्साह हीन
आशा का दीपक जब आता,
शीतल मंद सुवास समीरण
चरण चपल कर देता।
टेढ़े-मेढ़े पगडंडी फिर
दोराहा चौराहा भी है,
आग उगलती दोपहरी तो
शीतल तरु की छाया भी है।
सुखद राह फिर दुखद मोड़
दुखद राह फिर सुखद मोड़
जीवन भर आता रहता
सीधी सरल राह में दिपु
मोड़ भयानक भी आता।
जीवन का यह तिक्त मधुर क्षण
उसके जीवन मे आता,
जो जीवन भर बिना रुके
बस आगे ही बढ़ता जाता।

51. विकलांग

विकलांग हूँ विकलांग हूँ
हाँ मैं एक विकलांग हूँ।
समाज का विषदंत सह
जी रहा अभिशप्त हूँ।
मेरे हृदय को तोड़कर
आनंद उठाते लोग हैं
परिवार पर एक भार हूँ
ऐसा समझते लोग हैं।
कोई कहे यह जिन्दगी है
मौत ही इससे भला।
ऐसे निराशवादियों से
टूट जाता दिल मेरा।
मेरे प्रणय की बात सुन
खिल्ली उड़ाते लोग है।
जैसे हृदय नही मेरे
बस हाड़ मांस ढेर है।
दया दृष्टि मिलती बहुत है
पर प्यार मिलता ही नहीं।
मानो अलौकिक जीव हूँ
सब देखते ऐसे मुझे।
है पूर्व जन्म का पाप ये
कारण बताते सब मुझे।
मेरे मनोबल तोड़ने में
कोई कसर नही छोड़ते।
असहाय समझते सब मुझे
पर मैं नही असहाय हूँ
आपका कुछ जोश पाकर
छु सकता चाँद ह।
हौसला बढ़ाईये मान भी बढ़ाईये
हम जी सके सम्मान पूर्वक
एक समाज ऐसा बनाईये |

52. प्रेम पथ

हम एक ही पथ के अभिलाषी

प्रेम पथ

चल भी रहे हम उसी पथ

प्रेम पथ

हम सबको पाना सिर्फ एक तत्व

प्रेम तत्व

पर ठहरो जरा,इसे देखो तो सही

प्रेम पथिक

कौन खुरच-खुरच विद्रूप कर रहा

प्रेम पथ

कौन विषैले बोलो से दुभर कर रहा

प्रेम पथ

निस्सीम प्रेम में सीमा रेखा खींच रहा

कौन शख्स

निशर्त प्रेम को शर्तजाल मे फांस रहा

कौन शख्स

क्यों कलांत श्रान्त चिन्तातुर हम हैं

प्रेम पथिक

हम करें मुकाबला डटकर इनका

प्रेम पथिक

हम ही रखवाले इस पथ के हैं

प्रेम पथिक

आओ मिलकर निर्माण करें नव

प्रेम पथ

❧❧❧

53. उटज,विटप,विहग

कई विटपों के मध्य,एक उटज
विटपों पर चहचहाते विहग।
पेड़ों के झुरमुटों से
छन छनकर आती
सुबह की सुनहरी किरणें
बिखेरती हुई सतरंगी आभा
उटज के छप्पर और धरती के आँगन में।
पेड़ों पर चिड़ियों का चहकन
धरती पर दौड़ते भागते
बालवृन्दो का किलकन।
कवियों की कल्पना को उड़ान देता
एक मनमोहक वातावरण।
उटज विटप और विहग
अब नहीं कही दिखता इनका संगम
पहले उटज फिर विटप अब विहग
धीरे-धीरे विलुप्त हो रहे सब
अब आ गया कंक्रीट का
एक ऐसा भयावह जंगल
जिसमें दबती जारही है
सादगी,सच्चाई,कोमलता और
रिश्तों को मजबूत करने वाली भावनाएं।

54. प्रणय गीत

आओ हम एक प्रणयगीत लिखते हैं
आदम हव्वा औ मनु शतरूपा
एडम ईव औ हूर मुशा
हम उनके उस प्रथम मिलन पर
फिर कोई मधुमास रचते हैं
आओ हम एक प्रणयगीत लिखते है
सती शिव के चिर विरह का
शिव पार्वती के मधुर मिलन का
राम सिया के मिलन विरह का
वह कथा पुनः लिखते हैं
आओ हम एक प्रणय गीत लिखते हैं।
पति प्रताड़ित भाग्य की मारी
देवराज के छल से पीड़ित
विरहाकुल वह सती अहिल्या
आओ एक कथा पुनः बुनते हैं
आओ हम एक प्रणयगीत लिखते हैं।
राधेकृष्ण के महारास का
मीराबाई के गरल पान का
गोकुल के गलियों का रुदन
वह रुदन फिर रोते है
आओ हम एक प्रणयगीत लिखते है
कागा को रोटी दिखलाती
विरहाकुल औ प्रणयातुर उस
प्रोषितपतिका के चिर विरह की
कथा अमर करते हैं
आओ हम एक प्रणयगीत लिखते हैं ।

55. विकल धरा

ग्रीष्म ताप से विकल धरित्री
ताक रही अम्बर को।
कब अम्बर में दिखेंगे बादल
जल आप्लावित करेंगे मुझको
सूख रहे मेरे ताल-तलैया
बना है बादल भूल-भुलैया।
कब नभ जल बूंदे बरसेंगे
कब बच्चें करेंगे ता ता थैया।
कभी-कभी चमके घनवल्ली
आँधी ओला साथ लिए।
आह!उखड़-उखड़ मेरी औलादें
गिरती चर्र-चर्र गोद मेरे।
उठे बवंडर साँझ दोपहरी
छूने को नभ धूल उड़ी।
होता सन-सन हा हा हु हु
कम्पित दसों दिशाएँ मेरी।
ओ पावस तुम शीघ्र करो
अब नेतागिरी बन्द करो।
देखो जल रहे मेरे अंग-अंग
तुम अमृत रस बौछार करो।
शीर्षक-अंतर

प्रेम की मदहोशी में
होंठो का थरथराना,
क्रोध के आवेश में
होंठो का थरथराना।
थरथराहट दोनों में है
पर दोनों में अंतर है।
एक आनंद शिखर को छूता
दूजा पाश्चाताप शिखर को छूता।
प्रथम मिलन में
दिलों का धड़कना
भय की आहट में भी
दिलों का धड़कना।
धड़कन दोनों में है
पर दोनों में अंतर है।

एक गुदगुदी पैदा करती है
दूजा सिहरन पैदा करती है।
मिलन में भी बहुधा
भर आती है आँखे।
जुदाई में भी बहुदा
भर आती हैं आँखे।
आँखे दोनों में भरती है
पर दोनों में अंतर है।
एक में आँखे ठंडी होती है
दूजे में आँखे जलती है।
हम होते हैं प्रसन्न अक्सर
किसी को सुखी देखकर।
हम होते हैं प्रसन्न अक्सर
किसी को दुःखी देखकर।
होती है प्रसन्नता दोनों में
पर दोनों में अंतर है।
एक में कुटिलता छुपी होती है
दूजे में सहृदयता छुपी होती है।
सब में है क्रिया एक
पर अलग-अलग हैं भाव
है यही सृष्टि चमत्कार
समझे ज्ञानी धरकर ध्यान।

56. यादों की बेलगाम करवटें

कभी मीठी कभी तीखी सी
कभी चुभती कभी मखमल सी
अटूट लड़ी सी बनती जाती
यादों की बेलगाम करवटें।
कभी ढलकते अश्रु आँख से
कभी चमक नयन बढ़ जाती।
कभी सिहरन सी होती तन में
कभी टीस जिगर में है उठती।
ममत्व भरी मैया की छैया
वर्षा जल बीच कागज नैया।
मीठे बचपन की मीठी बतियाँ
था लटक रहा बाबू गलबहियाँ।
कबड्डी-कबड्डी और धींगामुश्ती
अक्सर बचपन में रूठा-रूठी।
वो तितलियों की परी कहानी
माँ की थपकी लोरी निराली।
काँट-कुश का ध्यान न रहना
कटी पतंग का पीछा करना।
वो झरबेरी आम टिकोला
परसादी में गुड़ बताशा।
रह गई कुछ अनकही
जवानी की दहलीज में।
जो पल-पल सालती है मुझे
इस सूनी स्याही रात में।
सोते समय ही क्यों याद आये
नश्तर सी उनकी मर्मभेदी बातें।
जो थे बचपन में अपने हमसाये
अब वे हो गए हैं पराये-पराये से।
रात भर करवटें बदल-बदल
बिस्तर पर सलवटें पड़ गई।
यादों की बेलगाम करवटें
मुझे अति बेचैन कर गई।

57. त्राहिमाम् शिव

त्राहिमाम् शिव ! त्राहिमाम्
जन झेल रहे हैं कष्ट अपार ।
हे नीलकंठ हे आशुतोष
जन-जन को तू ले उबार ।
त्राहिमाम् शिव ! त्राहिमाम्
हे जगत गुरु हे सर्वेश्वर
हे भोलेनाथ हे शिवशंकर ।
हम सब के अस्तित्व पर
गहराया संकट अपार ।
त्राहिमाम् शिव ! त्राहिमाम्
समुद्र मंथन के समय जब
विकट हलाहल विष निकला।
सृष्टि पर संकट गहरा था
मचा था सबमे हाहाकार ।
त्राहिमाम् शिव ! त्राहिमाम्
मानव दानव देव यक्ष सब
थे संकट में,रहे तुझे पुकार ।
तब तुमने उस महाविष को
लिया था अपने कंठ उतार ।
त्राहिमाम् शिव ! त्राहिमाम्
वैसा ही संकट अब फिर से
बहुत भयानक गहराया है ।
आओ-आओ हे त्रिपुरारी
मनुष्य जाति का करो उद्धार ।
त्राहिमाम शिव ! त्राहिमाम्

58. हे राम सियापति

हे राम सियापति हो तुम कौन
तुम मर्यादा पुरुषोत्तम हो
या हों नरेश मृदुल प्रखर।
रणांगण रावण संहारक
या हो कोमलता के सिरमौर।
हे राम सियापति हो तुम कौन
हो महल बीच रहने वाले
या वन संकट सहने वाले।
हो पीड़ित मानवता के उद्धारक
या हो धीर वीर गंभीर मौन।
हे राम सियापति हो तुम कौन
हो पितृ मान रखने वाले
या दुष्ट दलन करने वाले।
हो मित्र द्वय के रखवाले
या तुम पीड़ित प्राणि के ठौर।
हे राम सियापति हो तुम कौन
हो हृदय निषाद लगनेवाले
या शबरी बेर खाने वाले।
हो अखिल विश्व के उद्गम
या हो वाल्मीकि के क्रौंच।
हे राम सियापति हो तुम कौन
हो सगुन राम तुलसी के
या निर्गुण राम कबीर के।
सम्पूर्ण बुद्धि लगाकर भी
मैं हो जाता निःशब्द मौन।
हे राम सियापति हो तुम कौन ।

❧❧❧

59. आई फागुन की फगुनाई

आया फागुन का जब मस्त पवन
रवि चमका फिर से नील गगन।
सज नवल दुकूल हुई धरा नवल
नित नवल राग विहगों में छाई।
आई फागुन की फगुनाई
बीती ठंढी आई फगुनाई
विहंसा प्राची लेकर अरुणाई।
नवल कोपलों से श्रृंगारित
तरुवर की काया मुस्काई।
आई फागुन की फगुनाई
होली की मस्ती में डूबा
बालवृन्द तरुणी औ युवा।
ऐसा जोश चढ़ा फागुन का
वृद्धो में आई तरुणाई।
आई फागुन की फगुनाई
चढे अंग खुमार भंग रंग
झाल मृदंग के मधुर सप्त स्वर।
होली ने ऐसी कीच मचाई
कि प्रेम बीज छितराई।
आई फागुन की फगुनाई
दूर गये हैं प्रीतम उसके
सीमा पर संगीन चढाये।
बिछुरन की यह विरह वेदना
पल-पल लील रही तरुणाई।
आई फागुन की फगुनाई

❧❧❧

60. किसका कुसूर

वे भर रहे हुंकार टीवी पर,
कर रहे मुकाबला टीवी पर,
आरपार महाभारत टीवी पर,
जनता त्रस्त यहाँ धरती पर।
ताल ठोक के दंगल, हम तो पूछेंगे,
पूछता है भारत,पब्लिक का सवाल।
ताल ठोक के दंगल में,नहीं पूछता है भारत
पब्लिक से जुड़ा अहम सवाल।
ताल ठोक के दंगल में
सिर्फ सुनता है भारत
नेताओं और दंगाइयों की
आग लगाती जहरीली बात।
टीवी पर धींगामुश्ती,
सड़कों पर फांकाकशी,
बेरोजगारी का ले बहाना
कर रहें हैं मटरगश्ती।
कोई नहीं जानता जी
है ये किसका कुसूर,
बस एक दूजे को ही
कुसूरवार ठहराते हुजूर।
मम्मी पापा हैं उदास
संताने उनकी बेरोजगार,
दोनों बैठ टीवी के पास
काट रहे जीवन के नाव।
हाल हो रहा इतना बेहाल
भारत के लाडलो भरत का
छोड़कर गिनना शेर की दाँत
पिता के पेंशन गिन रहे हैं।
पुरातन गौरव के नाम
गड़े मुर्दे उखड़ रहे है,
नफरत की तपिश से
चेहरे झुलस रहे हैं।

❧❧❧

61. मनुष्य

पूरी पृथ्वी पर
हिन्दू है, सिख है,
ईसाई है,मुसलमान हैं
दानी है,भिखारी है,
आस्तिक है,नास्तिक है,
ज्ञानी है,ध्यानी है,
योगी है,भोगी है,
पंडित है,पुजारी है,
मौलवी है,पादरी है,
धर्मात्मा है,दुरात्मा है
दार्शनिक है,विचारक है,
संन्यासी है,फकीर है,
साधु है,शैतान है,
सबल है,निर्बल है,
पीड़क है,पीड़ित है,
सज्जन है,दुर्जन है,
चरित्रवान है, लम्पट है,
नेता है,अभिनेता है,
सदाचारी है,दुराचारी है,
शासक है,शासित है,
अफसर है,मंत्री है,
वक्ता है,श्रोता है,
वाकवीर है,कर्मवीर है,
दानी है,कंजूस है,
उदार है,मक्खीचूस है,
अमीर है,गरीब है,
काला है,गोरा है,
जातियाँ है,उपजातियाँ,
कहाँ तक गिनाऊँ!
और भी बहुत सारे है
अलग-अलग खाँचों में।
पर वो जिसे मैं ढूंढ रहा हूँ,
मनुष्य,वो कही दिखाई नही दे रहा।
वो आया था तो मनुष्य रूप ही
पर न जाने क्यों,उसने

अलग-अलग खाँचों में
खुद को छुपा रखा है।

62. आपदा

आपदा आती है,
लेकर सबके लिए एक अवसर।
इस अवसर पर होते हैं सब,
अपने-अपने चरम पर।
स्वार्थी अपने स्वार्थ के चरम पर,
परमार्थी अपने परमार्थ के चरम पर,
दयालू अपनी दयालुता के चरम पर,
पत्रकार अपनी पत्रकारिता के चरम पर,
अख़बार के पाठक भी अपने चरम पर,
सत्तापक्ष अपनी उपलब्धि गिनाने में चरम पर,
विपक्ष सरकार की खामियां ढूंढने में चरम पर,
यहाँ तक की साहित्य की दुनियाँ भी
अपने चरम पर।
इस आपद वर्षा में,
कुकुरमुत्ते की तरह,
उग आते हैं अनेक रचनाकार,
आपदा के जाते ही न जाने,
किन गलियों में गुम हो जाते हैं,
ये बरसाती साहित्यकार।
कहाँ तक गिनाऊँ,
सभी तो होते हैं
अपने-अपने चरम पर।
नहीं होती हैं अपने चरम पर
सिर्फ मानवीय संवेदनाएं।
सिसकती खड़ी रहती है
सबसे निचले पायदान पर।

63. हे मानव

हे मानव
तुम्हारे अंतस में,
छिपे है असंख्य भाव।
जो प्रकट होते रहते हैं,
समय-समय पर,
दिन हो या रात
पर क्या तुम जानते हो?
तुम्हारी ये सारी भावनाएं भी,
नश्वर है, बिल्कुल
इस भौतिक शरीर की तरह।
तुम स्नेह लुटाते हो जिसपर,
कारण मिलते ही,
घृणा भी बरसाते हो उसपर।
तुम घृणा करते हो जिससे,
जिस कारण,
सच्चाई पता चलते ही
ग्लानि से भर भी उठते हो।
न तुम स्नेह में स्थिर हो,
और ना ही घृणा में।
तुम्हारी सारी भावनाएं हैं
उस बुलबुले की मानिंद
जो प्रतिपल उभरती और
मिटती रहती है।
जिस दिन तुम जान जाओगे,
तिरोहित हो जायेंगी,
तुम्हारे अंतस से,
ये सभी विकारी भावनाएं।
तब तुम मौन हो जाओगे,
भीतर से भी,बाहर से भी
तब मीठी बातें तुम्हें
नही करेंगी आह्लादित
और ना ही कड़वी बातें
कर पाएंगी तुम्हें आहत।
बचेगा तुम्हारे अंतस में
सिर्फ तत्त्वज्ञान ।

भरे रहोगे तुम उससे
हरपल हरक्षण,
जिसे कहते है ज्ञानीजन
शुद्ध शाश्वत निर्गुण प्रेमभाव।

64. हे मन

जहाँ पाप न हो जहाँ पुण्य न हो
जहाँ नरक न हो जहाँ स्वर्ग न हो।
जहाँ धर्म कर्म पाखंड न हो
तुम चलो उसीकी ओर।
हे मन तुम चलो शून्य की ओर
जहाँ वैराग्य मोह बीच द्वंद्व न हो
जहाँ मधु वचनों का संग न हो।
जहाँ नफ़रत का बाज़ार न हो
न हो कटु वचनों का शोर।
हे मन तुम चलो शून्य की ओर
जहाँ त्रिविध ताप का नाम न हो
ऐश्वर्य जनित सुख भाग्य न हो।
जहाँ भूख तृप्ति का काम न हो
न हो दुःख दारिद्रय का जोर।
हे मन तुम चलो शून्य की ओर
जहाँ लाभ जनित कोई लोभ न हो
जहाँ हानि जनित कोई क्षोभ न हो।
जहाँ कर्म जनित कोई भोग न हो
न हो आगे बढ़ने की होड़।
हे मन तुम चलो शून्य की ओर
जहाँ स्वर्ग गमन की चाह न हो
जहाँ नरक गमन मन भीत न हो।
जहाँ धीर अधीर कुछ भाव न हो
न हो मोक्ष प्राप्ति की खोज।
हे मन तुम चलो शून्य की ओर
जहाँ अगुन सगुन बीच भेद न हो
जहाँ चंदन कंठी पीत वस्त्र न हो।
जहाँ विविध पंथ टकराव न हो
न हो संन्यस्त गार्हस्थ का बोध।
हे मन तुम चलो शून्य की ओर
जहाँ श्रेष्ठ भाव मन दर्प न हो
जहाँ हीन भाव कोई ग्रस्त न हो।
जहाँ क्षमा दया तप त्याग न हो
न हो नयनन बीच लोर।
हे मन तुम चलो शून्य की ओर

दीपनारायण सिंह

65. लम्हा दर लम्हा

लम्हा दर लम्हा
उखड़ रही साँस
नित उड़ रहे प्राण ।
सिसक रहे परिजन
और भाग रहे लोग ।
खौफ़ का साया
विश्व पर छाया ।
विस्फारित नेत्र
मौत का साया ।
बदहवासी का आलम
घुट रहा जीवन ।
अनाथ हो रहे बच्चे
बिखर रहा परिवार ।
भर रहे अस्पताल
वीरान हो रहे घर ।
रिस रहे रिश्ते
पिस रहे नाते ।
चीत्कार ही चीत्कार
कानों में घुल रहा ।
है कौन सा यह दैत्य
जो फिजा में तैर रहा ।
ओ भयक्रांत व्यथित मन
तू बाँध सबूर कसकर ।
तू रख आस जीवन अमृत
आयेगा फिर सुखद क्षण ।
लम्हा दर लम्हा

❧ ❧ ❧

66. जीवन पल

जीवन का पल-पल बीत रहा
है काम बहुत पर वक्त कहाँ।
बंद मुठ्ठी बीच रेत हो जैसे
क्षण-क्षण आयु बीत रहा।
उड़ते थे हम दूर-दूर तक
दूर अभ्र के पार स्वर्ग तक।
साँझ हो रही भान न था
गिरा भूमि पर पंख गँवाकर।
था जिसको चाहा रौंद दिया
जिससे चाहा मुँह मोड़ लिया।
अहंकारवश मैने कितने
न जाने घर फूंक दिया।
वो चकई थी मैं चकवा था
सर्वोत्तम दिन आनंदित था।
जब चूजे निकले बड़े हुए
वो कातर थी मैं कातर था।
वो सखा कृष्ण, मैं मित्र सुदामा
कसमें खा खाकर गले लगाता।
भरी महफ़िल जब कर पकड़ा तो
वो बना द्रुपद,मैं बना द्रोण था।

❧ ❧ ❧

67. प्रेम की भाषा

प्रेम जब गहन नही होता,
हम व्यक्त करते हैं उसे शब्दों में ।
शब्दों को अलंकृत चासनी में लपेट,
हम फेंकते है सामने,
और समझ लेते हैं बस,
यही है प्रेम की भाषा ।
प्रेम की भाषा तो निकलती है नयनों से,
और नयनों में ही समा जाती है ।
जब हम बिन कहे बिन सुने,
समझ जाते हैं सामने वाले की जरूरत,
हर्ष- विषाद या हो अकथ पीड़ा।
यही तो है असली प्रेम की भाषा ।
प्रेम की भाषा जैसे पिघलता हुआ बर्फ,
जैसे जलती हुई अगरबत्ती ।
धर्मक्षेत्र, कुरुक्षेत्र या कहे रणक्षेत्र,
मौन कृष्णार्जुन संवाद
बन गया इतिहास में ,
अमर गीता का ज्ञान ।
बिन कहे कृष्ण ने समझ लिया,
मित्र सुदामा की पीड़ा ।
बिना जताए कृष्ण ने
हर ली मित्र की परेशानी ।
प्रेम तत्व एक है
रिश्ते नाते अनेक है ।
बदलते रिश्तों के साथ
प्रेमानुभूति और मौन इजहार के
तरीके भी बदल जाते है,
ठीक विद्युत और विद्युत उपकरण की तरह ।
प्रेम अव्यक्त है,
प्रेम की भाषा भी अव्यक्त है ।
ईश्वर अव्यक्त है
उसकी भाषा भी अव्यक्त है
इसीलिए मैं कहता हूँ,
ये दोनों शब्द एक है ।

68. परिवर्तन

बचपन से ही,
बड़े-बड़े लोगों के मुख से
सुनता आया हूँ,
बड़े-बड़े ग्रन्थों में,
पढ़ता भी आया हूँ कि
परिवर्तन ही संसार का नियम है ।
पर क्या सचमुच ?
परिवर्तन ही संसार का नियम है ?
नजरें दौड़ाता हूँ ,
अपने चारो तरफ,
सोंचता हूं मंथन भी करता हूँ,
पर उक्त कथन मुझे
भ्रामक प्रतीत होता है।
रोज एक निश्चित अंतराल पर
होने वाली एक निश्चित क्रिया
मसलन दिन-रात, सुबह-शाम,
सुख-दुःख, अमीरी-गरीबी,
जन्म- मरण हर्ष-विषाद,
शैशवावस्था,किशोरावस्था,
युवावस्था,वृद्धावस्था आदि चीजें
अनंत काल से होतीआरही हैं,
और आगे भी अनंतकाल तक होती रहेंगी।
इन बदलावो में थोड़ा भी व्यतिक्रम नही,
कुछ भी नया नहीं।
इससे इतर कुछ हो तो,
समझू परिवर्तन ही संसार का नियम है ।
राग-विराग,हिंसा-अहिंसा
वीरता-कायरता बेईमानी,ईमानदारी
दानवीरता-हड़पनशीलता
कंजूसी, उदारता,क्रोध,
दया,प्रेम, नफरत आदि
पहले भी था,आज भी है
और आगे भी रहेगा।
इससे इतर कुछ हो तो मानु,
परिवर्तन ही संसार का नियम है ।

ग्रहों का घूर्णन और वृताकार
परिक्रमण अपने निकटस्थ तारों का।
एक निश्चित समयावधि में,
फिर इनका भी नष्ट हो जाना।
और दुबारा नवीन ग्रहों तारों का उद्भव।
ये क्रियाएँ,
अनंतकाल से होतीआरही हैं,
और आगे भी,
अनंतकाल तक होती रहेंगी,
इन क्रियाओं से इतर कुछ हो तो मानु,
परिवर्तन ही संसार का नियम है ।
मैं तो परिवर्तन उसे मानु
जो न पहले कभी हुआ,
और न आगे फिर कभी होगा ।

69. प्रेम में अहंकार

प्रेम में अहंकार कहाँ होता है!
जहाँ अहंकार होता है
वहाँ प्रेम कहाँ होता है!
बीज अहंकार का अंकुरित
तभी होता हैं दीपू,
जब हमारा मनोमस्तिष्क
भौतिक अवयवों के मोह में
उलझा होता है।
हृदय के खोह में जब मोह की
ज्वाला धधकती है,
उठता अहंकार का धुँआ तभी
दर्पण प्रेम पर कालिख लगाता है।
समर्पित शर्तहीन संबंध ही
निर्मल प्रेम होता है।
शर्तजाल का उलझाव ही
दूषित अहंकार होता है।
पूर्ण समर्पण भाव से
जब वो प्रेम होता है,
तब अलौकिक दिव्यता का
अहसास होता है।
मीरा का कृष्ण से जब
प्रेम होता है,
तब अधरों से सटा विष प्याला भी
अमृतपान होता है।
असंभव है जी प्रेम में
अहंकार का होना।
जैसे कभी दिन में ही
रात का होना।
स्वप्नवत है मोह-माया
जागृति है प्रेम होना।
इस जगत में कहीं न दिखता
प्रेम में अहंकार होना।

70. माँ तू नहीं तो

माँ तू नहीं तो देख कैसे,
जी रहा हूँ मैं ।
अब कोई नही जो प्यार से,
मनुहार करके,
हाथ को सर पर फिराये ।
अब कोई नही जो देख मुख,
यह जान ले भीतर में मेरे,
कुछ पक रहा है ।
जिंदगी की राह में
काँटे चुभे क्षण-क्षण,
स्वार्थ के टकराव में,
छलनी हुआ तन-मन,
अब कौन है,रख गोद में,
सूँघ माथ को, धीरज बँधाए?
अक्षि से अश्रु,
निकलना चाहता है,
दिल के भी चीत्कार,
बनकर हिचकियाँ,
मुख से निकलना चाहती है ।
पर तू नहीं तो देख कैसे,
हिचकियाँ और अश्रु बूंदे
कैद हो भीतर ही भीतर
घुट रही है ।
इस जगत में आसपास,
रिश्ते घनेरे,
पर समझ सके जो अनकही
कोई नही है ।
अब तो तेरी गोद और,
आँचल की छाया,
बस याद बनकर रह गई
माँ तू नहीं तो।

❧❧

71. दुब

तुने मुझे धक्का मार-मार
गिराया है इस भू पर बार-बार।
मैं गिरता रहा और उठता रहा,
खुद को सम्भालकर बार-बार।
इन उठने गिरने के दरम्यां भी
कुटिलता और निर्दयतापूर्वक
उपहास उड़ाया है तूने कई-कई बार।
मेरे अरमां को कफ़न ओढ़ाने वालों
अब बाकी नहीं रहा इतना दम,
निरंतर जर्जर हो रहे इस बदन में,
कि कर सकूँ मुकाबला तेरा,
कि सह सकूँ निर्मम प्रहार तेरा।
इसीलिए मैंने
ढूंढ लिया है एक तरीका।
फैल गया हूँ मैं,
अपने चारों तरफ
धरती पर हरी दुब बनकर।
अब क्या करोगे?
खुरपी या कुदाल से
मुझे छिलोगे?खोदोगे?
तुम मुझे छीलते रहो,
तुम मुझे खोदते रहो
अपनी निर्ममता और
निष्ठुरता के साथ।
आजमाते रहो,
अपनी ताकत मुझपर,
अपनी तमाम कुटिलताओं
और जहरीली नजरों के साथ।
पर पार नही पाओगे मुझसे।
मैं उगता रहूँगा फैलता रहूंगा
पूर्ण हौसलों के साथ,
इस धरा पर बार-बार।
तुम मुझे छीलते-खोदते
थक जाओगे,झुंझला जाओगे,
अन्ततःनिराशा में डूबकर,

अपनी ही स्व अग्नि में जलकर
पूर्णतया भस्म हो जाओगे।
इधर मैं उगता रहूँगा
इस धरा पर बार-बार
हरियाली फैलाता रहूँगा अहर्निश
बिना थके बिना झुंझलाए,
इस बंजर सी धरती पर बार-बार।
क्या तुम्हें अब भी नहीं पता चला
कि अमर हो गया हूँ मैं?

72. तुम फूल चमन के

तुम फूल चमन के गढ़े हुए हो
स्वच्छ सुरक्षित खड़े हुए हो ।
मैं अनगढ़ सुमन विपिन का हूँ
अस्वच्छ असुरक्षित झुका हुआ हूँ ।
तुम धूल भार से मुक्त सखे
स्निग्ध पवित्र तेरे पत्र सखे ।
मैं धूल कीच से सना हुआ
अपवित्र कठोर मेरे पत्र सखे ।
तुम सजे-धजे वृन्तों वाले
औ क्यारी बद्ध रहने वाले ।
मैं बेढंगी वृन्तों वाला
हूँ यहाँ वहाँ पर उगा सखे ।
समय-समय पर तुझे देखते
माली और उद्यान पति ।
समय कुसमय हैं मुझे रौंदते
नित्य वन्यपशु स्वेच्छाचारी ।
तुम्हें निरापद जगह मिली है
कोमल हस्त स्पर्श स्पर्श सखे।
मुझे असुरक्षित जगह मिली है
निर्मम काल कठोर सखे ।
तुम किंचित शर्मीले से हो
धीमे-धीमे मुस्काते हो ।
मैं शर्मो हया को परे हटाकर
फूहर हास्य मदमस्त सखे ।
जड़े तुम्हारी हरपल सिंचित
तुम खर पतवार से मुक्त सखे
मेरी जड़ों को ये नसीब नही
हूँ खर पतवार से युक्त सखे ।
इतना सबकुछ तुम्हें मिला पर
मुक्त हास्य क्यों दूर सखे ?
शीत उष्ण आँधी झक्कड़ सह
मैं मुक्त हास्य से पूर्ण सखे ।
मैं स्वतंत्र, आतप सहकर भी
रहता हूँ नित मुदित सखे ।
तुम समस्त सुख साधन में भी

हो उदास क्यों नित्य सखे ?
तुम भोग विलास में पड़े हुए
औ परवशता में दबे सखे ।
मुक्त हास्य कैसे आवे!
जब वृन्त जड़े सब कटे-छँटे ।

❧ ❧ ❧

73. भारत माता

हे पुण्य भूमि भारत माता
इस जग से तू है न्यारी।
तेरी गोद में जन्म लिया जो
उसकी किस्मत सबसे प्यारी।
शीश मुकूट गिरिराज हिमालय
गोद बसे जहाँ शम्भू शिवालय।
उस पवित्र भारतभूमि के
कण-कण में देवों का आलय।
वीर प्रसविनी, महादानी प्रसविनी
ज्ञानी प्रसविनी, बलिदानी प्रसविनी।
राम कृष्ण तेरी गोद में खेले
हे माँ तू हम सबकी जननी।
तेरी कुक्षि से प्रकट हुई थी
जो अमर झाँसी की रानी थी।
राणा शिवा जैसे वीरों ने
माँ तेरी आन निभाई थी।
तेरी समृद्धि पर आँख गड़ाकर
थे आये कुछ दुर्दान्त निशाचर।
सदियों के संघर्ष से आखिर
दूर हुआ तम उगे दिवाकर।
पूरी धरती पर अपना प्यारा वतन
सबसे सुनर सबसे अलग सबसे सुगढ़।
अनेकता में एकता पहचान इसकी
कठिन झंझावात में भी रहा अटल।
अनेकता में एकता का
विविध पंथ सद्भावना का।
आओ ऐसा ऐक्य बनाए
बने मिसाल जो इस जग का।
पूरे भारत में छितराई है सौंदर्य छटा
गली-गली में लहराया देखो तिरंगा।
हम सभी हर्षित संतान भारत माई के
स्वाधीनता त्योहार बनकर आई है।

74. कितना कुछ कहती

भावनाओं की बहती निर्मल गंग है राखी
जेठ की तपन में शीतल समीर है राखी।
बँधते ही कलाई बनती बहन की वाणी
है कितना कुछ कहती बहना की राखी।
रेशम की धागों से लिपटी कलाई
थकती ना बहना करके भैया बड़ाई।
अनबुझ है प्रेम ये,है अनबुझ निशानी
कितना कुछ कहती बहना की राखी।
सैनिक कलाई पर जब बँधती है राखी
भर सीने में जोश खम ठोके सिपाही।
अभेद्य कवच सम है बहना की राखी
है कितना कुछ कहती बहना की राखी।
बहना के उत्सर्ग की निशानी है राखी
खट्टी-मीठी यादों को सहेजे है राखी।
है शर्तहीन प्रेम की निशानी ये राखी
कितना कुछ कहती बहना की राखी।
जज्बातों के समुंदर में लहर है राखी
प्रेम के उत्तुंग शिखर पर बैठी है राखी।
भाई के जलते तन पर चन्दन है राखी
कितना कुछ कहती बहना की राखी।
कृष्ण के क्षत तर्जनी कभी लिपटी थी राखी
बनी साड़ी अटूट लड़ी लाज बची पांचाली।
कृष्ण-कृष्णा पवित्र प्रेम की कहानी है राखी
है कितना कुछ कहती बहना की राखी।
बहना के प्रेम से अभिसिंचित है राखी
भगिनी के भाव से अभिमंत्रित है राखी।
बहना के प्रेम की अभिव्यक्ति है राखी
कितना कुछ कहती बहना की राखी।

❧ ❧ ❧

75. सपन आँचल

जीवन की कड़वी सच्चाईयों से
जब भी होता हूँ रूबरू
तब काँपने लगते हैं
मेरे तन और मन
हृदय में उठते
भावनाओं के बवंडरों से।
चूर-चूर होकर बिखरते हैं
जहाँ-तहाँ इधर-उधर
शीशे के समान मेरा दिल
खाकर चोट हकीकतों के
पत्थरों की।
तब निराशा में डूबता-उतराता
अकथ पीड़ा से छटपटाता हूँ मैं।
पीड़ा के उन क्षणों में
मिलती है तब राहत
जब ओढ़ सपन आँचल
सो जाता हूँ मैं।

76. स्वतंत्र भारत का अमृत महोत्सव

विहसा प्राची अंबर मुस्काया
देखो तिरंगा घर-घर लहराया।
है अमृतोत्सव स्वाधीनता का
सब हैं गर्वित अंतस सरसाया।
लेकर एक नव उत्साह साथ
लो आया पावन दिवस आज।
अब तो माँ भारती मुस्का रही
सम्पूर्ण आन-बान के साथ।
हिमगिरि के ऊँचे शिखरों से
अब गरजे सैनिक बारम्बार।
अनन्त तिरंगा चमक देखकर
दुश्मन आँखे चुंधियाई आज।
पूरब में देखो पश्चिम में देखो
उत्तर में देखो दक्षिण में देखो।
वंदे मातरम जनगणन मन से
अब गुंजित भारत भू को देखो।
अमर्त्य स्वर्ग से ताक रहा है
लो पुष्प वृष्टि फिर हो रहा है।
है गली-गली हर हाथ तिरंगा
जयघोष धरा फिर हो रहा है।
भारत की धरती का गौरव
सब देशों पर भारी अनुपम।
इस पावन धरती मिलता है
सत्य सनातन सुंदर दर्शन।
इस पवित्र धरती पर ईश्वर
बार-बार अवतरित हुए हैं।
पूजनीय है इसका कण-कण
हर चीज सुवास से भरे हुए हैं।
कर अनगिन वर्ष संघर्ष खड़ी है
द्वय हस्त अमृतघट लिए भारती।
अब यह कलश कभी रिक्त न होगा
युग-युग रहेगी अब निर्द्वन्द्व भारती।

❧❧❧

77. प्यासा

मै प्यासा हूँ
बहुत ज्यादा।
उग आया हैं
गले में काँटा।
पर संरक्षण में जिनके
है जल का भंडार,
कह रहे हैं वे
खुद रहा है
अभी कुआँ।
धीरज रखो
एक दो सालों में
या दो चार सालों में
जल का भंडार
होगा तुम्हारे हवाले।

78. अरे मनहूस कोरोना!

अरे मनहूस कोरोना!
तेरी तीव्र लहर ने आखिर
मचा दिया कोहराम जगत में।
पल-पल मृत्यु खबर सुन-सुन
अब तो आरहा हमको रोना।
अरे मनहूस कोरोना!
मानव भक्षक ओ मायासुर
रुक जाओ अब बहुत हुआ।
मानवता कराह रही अब
सब ढूंढ रहे है घर का कोना।
अरे मनहूस कोरोना!
भयवश थर-थर काँप रहे सब
विपुल आबादी त्रस्त हुई अब।
पर दया नही आती है तुमको
हो तुम अति निष्ठुर ओ कोरोना।
अरे मनहूस कोरोना!
युग असंख्य बीत गये रे
आये हमको इस धरती पर।
कितने रूप बदलकर तुमने
चाहा मिटाना अस्तित्व हमारा।
अरे मनहूस कोरोना!
तुम क्या समझे,सब मर जायेंगे
है भूल तुम्हारी ओ कोरोना।
मानव हैं हम मनु की संतानें
तुम ज्यादा राड़ करोना।
अरे मनहूस कोरोना!

❧ ❧ ❧

79. पर्यावरण

प्रकृति की सबसे सुंदर अनमोल कृति मानव
उत्तरोतर तीव्रतम गति से बन रहा अब दानव।
असंख्य लिप्साओं को ढोते हुए निशि वासर
नष्ट कर रहा तीव्रता से इस सृष्टि के चराचर।
पर्यावरण प्रदूषण,पिघल रही बर्फ,खौल रहा रत्नाकर
हम फिर भी नहीं चेत रहे,बस बन रहे हैं संहारक।
गुस्से में धरती माता अब बन रही अंगारक
इस गुस्से का कारण मानव बन रहा कारक।
जलचर थलचर नभचर हो या हो उभयचर
शनैः-शनैःविलुप्त हो रहे सृष्टि के सब पादप।
हम रो रहे हैं बस बनकर दार्शनिक और विचारक
सरकारें बनकर रह गई सिर्फ खोखली प्रचारक।
हम मनसा वाचा कर्मणा बने हुए हैं प्रदूषक
जितना जिनसे बन पड़ा फैला रहे प्रदूषण।
हम आंसू बहा रहे हैं बस, बनकर मगरमच्छ
लगता है कुछ काल में मिट जाएंगे हम सब।

80. प्यार

प्यार तुम भी करते हो
प्यार मैं भी करता हूँ।
हो तुम ऐश्वर्य लुटाने वाले
मैं स्व प्राण लुटाने वाला।
तुमने इक तस्वीर बनाकर
उसको दीवारों में टँगवाई।
मैंने भी इक तस्वीर बनाकर
उसको अंतस में चिपकाई।
बहिर्मुखी है प्रेम तुम्हारा
है चर्चित गाँव नगर में।
अंतर्मुखी है प्रेम हमारा
बस गूँजे निज धड़कन में।
तथाकथित तुम प्रेम को अपने
ऐश्वर्य तुला पर तौल रहे हो।
पर अतुलनीय है प्रेम हमारा
बन प्राण साँस में घुल रहा है।
प्यार तुम्हारा सीमा भौतिक
कभी लांघ न पाया।
प्यार हमारा सीमा भौतिक
कबका लांघ चुका है।
निस्पंद पड़ा है प्रेम तुम्हारा
बन बदबू बाहर फैल रहा है।
हर क्षण स्पंदित है प्रेम हमारा
बन खुशबू भीतर फैल रहा है।
हमारे श्वास और प्रश्वास में
बस प्रेम ही बस प्रेम है।
तुम्हारे मुख से निःसृत बात में
बस देह ही बस देह है।
जान गए सब प्रेम तुम्हारा
सिर्फ उसके अलावा।
प्रेम मेरा कोई जान न पाया
सिर्फ उनके अलावा।

81. गिद्ध

छात्रों को अंग्रेजी पढ़ाते समय
एक शब्द आया वल्चर।
छात्रों ने पूछा सर इसका मतलब?
मैंने जवाब में कहा,
इसका मतलब होता है गिद्ध।
छात्रों ने फिर पूछा,
सर,क्या ये है कोई जानवर?
मैंने कहा नहीं पगले,
ये किस्म है एक मुर्दाखोर परिन्दे का।
छात्रों ने अचंभित होकर कहा,
हमने तो कभी इसे देखा ही नही!
मैंने कहा देखोगे कैसे,
ये शनैः-शनैःबहुत पहले
तुम्हारे जन्म से भी बहुत पहले
लगभग हो चुके हैं लुप्तप्राय।
अपने इलाके से तो
हो चुके है बिल्कुल ही गायब।
मै जवाब दे रहा था उसे
कारण बता रहा था उसे,
पर मेरा मनोमस्तिष्क
एक प्रश्न कर रहा था मुझसे।
आखिर ये गिद्ध मरकर
जारहे है कहाँ ?
क्या इनका कोई वर्जन नया
आ गया इस धरती पर!
हाँ ,लग तो ऐसा ही रहा है।
यत्र तत्र सर्वत्र
मुझे दीख रहे है
ये नव संस्कारित गिद्ध
बिल्कुल नये कलेवर
और नये अंदाज में
ये अक्सर मुझे दीख जाते है
एक हाथ का डंडा और कैमरा लिये
सड़कों पर खून से लथपथ
घायलों का फोटो शूट करते हुए,

या उसके मुँह में डंडानुमा
माईक घुसेड़ते हुए।
फिर कर्कश ध्वनि में
ये पूछते हुए कि
कैसे हुआ,कब हुआ,क्यों हुआ?
कोई अगर कर रहा हो आत्मदाह
चमक उठते है इनके कैमरे और आँख।
जिन्हें बचाया जा सकता था
समय पर ले जाकर अस्पताल,
पर ये संवेदनहीन पत्रकार
टी आर पी की खातिर
स्वार्थ में मग्न होकर
तस्वीरें खींच रहे अविराम।
माना की सूचना जरूरी है।
पर,ये कैसी सूचना?
बेटे बेटी की लाश है सामने,
पीड़ा के कारण जिनका मनोमस्तिष्क,
हो चुका है बिल्कुल सुन्न।
उस समय उनके मुख में माईक घुसेड़
कुछ भी उगलवाने को आतुर
ये पत्रकारनुमा गिद्ध!
उस समय
हाहाकार कर उठता है
संवेदन का अंग-अंग।
और इन नेताओं के क्या कहने
शायद ये चील के वर्जन है नये।
समाज में छुपे हुए भेंड़िये
करते हैं शिकार छिपकर
घात लगाकर।
फिर मरी खाने को आतुर
ये आधुनिक चील और गिद्ध
निकल पड़ते है बनाकर
बड़े बड़े झुंड
धरती पर दौड़ते भेंड़िये
अंबर में मँडराते चील और गिद्ध
दो दिन का हाहाकार
मतलब निकल गया फिर
हो गया सबकुछ शांत।

82. सिंहासन

सिंहासन की छीना-झपटी
बहुते मारा-मारी है
एक-दूजे पर दोषारोपण
बहुते गिला गाली है।
नित नव नाटक सजा मंच है
भ्रमित जनता भौंचक्की है।
बारी-बारी करते सिंह गर्जन
मिमियाती जनता बकरी है।
सजे मंच पर माइक पकड़
वे कर देते हैं धुँआ-धुँआ।
हैं बैठे जो चमचे इधर-उधर
करते हैं फिर हुंआ-हुंआ।
भ्रमित जनता में खुसुर-फुसुर
वह मंच पर ताके टुकुर-टुकुर।
भाषण में है जी सुरूर-सुरूर
सुन जनता कूदे फुदुक-फुदुक
कभी चार वर्ण थे अब चार धर्म है
वैदिक कलियुग में इत्ता ही फर्क है।
वे इन चारों में नफरत फैलाते
हाय उन्हें अब नहीं शर्म है।

❧❧❧

83. ओरे पागलमन साजन

ओरे पागलमन साजन
शरद ऋतु है आई।
सखी चपला के संग-संग
वर्षा रानी की हुई विदाई।
जो धरती भींगी-भींगी थी
घासों कीचड़ से लदी सनी थी।
अब शनैः-शनैः वह मुक्त हो रही
इन विकट बरसाती विकारों से।
स्वच्छ स्वस्थ धारा दिखती है
आकुल मन अब शांत हुआ है।
देख खेतों में झुकी धन बाली
कृषक हृदय निहाल हुआ है।
स्वच्छ गगन बीच पूर्ण मुखर हो
शशि देख रहा रहा धरती को।
नव स्नाता वसुधा भी शर्माई सी
नव दुल्हन सी सजी हुई है।
दैवीय ऊर्जा से ओतप्रोत दिशाएँ
चंद्रअंशु स्नात तरुवर बाँहें फैलाये।
उत्साहित है तनमन पा के नव ऊर्जा
भोर के उजियार में बना ओस मुक्ता।
शीत पवन दस्तक दे रहा धीरे-धीरे
अंशुमान भी छोड़ तपिश धीरे-धीरे।
नभ शीघ्र सफर पूरा करता वह
लगा अस्त होने पश्चिम धीरे-धीरे।
ऐसे में सावधान रहो तुम
कलुष भाव से दूर रहो तुम
ओरे पागल मन साजन
शरद ऋतु है आई।

❧ ❧ ❧

84. मैं हिंदी,हिंदुस्तान की

छंद बंद आलेख जुबानी
युगों पुरानी मेरी कहानी।
नवरस से अभिसिंचित हूँ
मैं गाथा हिंदुस्तान की।
मैं हिंदी हिन्दुस्तान की
भारत का इतिहास छिपा था
हम भूल गए अपना भी कुछ था।
उस विस्मृति की याद दिलाती
मैं पहचान हिंदुस्तान की।
मैं हिंदी हिंदुस्तान की
अपने भारत की मिट्टी ऐसी
कोस-कोस पर भाषा बदली।
इन सबकी आवाज बन गई
मैं भाषा हिंदुस्तान की।
मैं हिंदी हिंदुस्तान की
चंदबरदाई के उर जब उतरी
पृथ्वीराज रासो बन निकली।
कुटिल जयचंद को किया उजागर
मैं इतिहास हिंदुस्तान की।
मैं हिंदी हिंदुस्तान की
अष्टछाप कवियों में उतरी
सूरदास के मन में ठहरी।
तुलसीजी ने मुझे पुकारा
मैं रामराज्य हिंदुस्तान की।
मैं हिंदी हिंदुस्तान की
रीतिकाल ने मुझे निखारा
काव्यशास्त्र का पाठ पढ़ाया।
बिहारीलाल के सतसैया में
मैं रीति हिंदुस्तान की।
मैं हिंदी हिंदुस्तान की
छायावाद की छाया में मैं
खूब बढ़ी और खूब पली।
हूँ कवयित्री महादेवी वर्मा
मैं छाया हिंदुस्तान की।
मैं हिंदी हिंदुस्तान की

कितने नाम गिनाऊँ मैं
कितने उर बीच रची-बसी मैं।
जब भारतेंदु ने खड़ा किया
मैं दौड़ी हिंदुस्तान में।
मैं हिंदी हिंदुस्तान की
उत्तर जोड़ूँ, दक्षिण जोड़ूँ
पूरब औ पश्चिम को जोड़ूँ।
हूँ फैल गई पूरे भारत में
मैं एकता हिंदुस्तान की।
मैं हिंदी हिंदुस्तान की

85. हिंदी है बिंदी भारत भाल की

कूपमंडूकता से निकल बाहर
चढो हिमालय की चोटी पर।
देखो शोभा हिंदुस्तान की
हिंदी है बिंदी भारत भाल की।
तमिल तेलगु कन्नड़ उड़िया
बंगाली कोंकणी बोडो आसामी।
संस्कृत मैतेई नेपाली पंजाबी सब
करधनी महावर बिछुवा भारत की।
मराठी संथाली सिंधी गुजराती
है इन गहनों की शान निराली।
कश्मीरी डोगरी उर्दू मलयाली
ये कर्णफूल नथिया भारत की।
भोजपुरी अंगिका बज्जिका
मगधी मैथली मीठी माई।
पर नजर प्रथम जिस पर,वो
हिंदी है बिंदी भारत भाल की
नित नये-नये फैशन में आकर
भ्रमजाल फैलाती विदेशी अंग्रेजी।
पर इक दिन दुनिया देखेगी समझेगी
हिंदी है बिंदी भारत भाल की।

❧❧❧

86. अंग्रेजी बैठी सत्ता पर

अंग्रेजी बैठी सत्ता पर
चौराहे पर हिंदी रोती है।
बीच सड़क पर भटक
जगह तलाश रही हिंदी है।
अपनी संतति की ठोकर
से बिलख रही है हिन्दी।
अपनी माँ चाहत को तरसे
सौतेली मन ही मन हरषि।
पढ़ बेटा तू ए बी सी डी
इसमें है किस्मत की चाभी।
क ख ग घ पढ़कर तुम
भटकोगे फिर गली-गली।
भारत में जितनी भाषाएँ
हैं सभी सहोदर बहनें।
फुट डालकर राज कर रही
ये चतुर विदेशी इंग्लिश।
चले गए अंग्रेज यहाँ से
मानस पुत्रों को बिठा गए।
ऊपर से स्वतंत्र हुए पर
पर मनसा हम गुलाम रहे।
इंग्लिश को गर्दन लटकाए
हम चिढ़ा रहें है हिंदी।
पीठ पर कसकर धौल पड़ी
तब निकली मुख से हिंदी।
देखो-देखो दौड़ रही
पथ अपनी हिंदी माता।
राष्ट्रभाषा का पद खाली
दिल्ली आरही माता।
स्वाधीनता अभी नहीं है पूरी
राष्ट्रभाषा है पथ में अटकी।
बाधा बनकर खड़ी है इंग्लिश
कैसे पहुँचे मैया दिल्ली।

87. चरैवेति

तुम कहते हो
जीवन एक बोझ है,
सुख-दुःख का झोल है।
मैं कहता हूँ
जीवन अनमोल है
रहस्यों का शोध है।
मुझे चलते रहना है निरंतर
क्योंकि कहा था
हमारे पूर्वजों ने
चरैवेति-चरैवेति।
चलना है मुझे लेकिन,
चलूंगा उन जीवन मूल्यों
के साथ,
जिसे चलते-चलते
ढूंढा था हमारे पूर्वजों ने
तीक्ष्ण नजरों,अथक शोधों
और गहन बोध के साथ।
मुझे उन पैरों के
निशां ढूंढकर
जाना है उसके पार
जहाँ पर छोड़ा था उन्होंने
अपना अंतिम चरण निशान।

88. ओ कृष्ण

ओ कृष्ण रास रचने वाले
सुन मुरलीधर ओ मतवाले।
कुंज गली की सब सखियाँ
निहार रही हैं कबसे रहिया।
यमुन पुलिन पर खड़ी-खड़ी
अब पाँव थकी है ओ नटखट।
अब आग विरह की सही न जाये
झट आ जाओ तुम ओ नटवर।
तेरे नयनों का ओ,चंचल मटकन
तेरे चरणों का ओ,अद्भुत थिरकन।
लो बेसुध हुआ देखो, मेरा तनमन
सुन मधुर बाँसुरी तान,ओ मुरलीधर।
बरसाने की ये सब, पगली सखियाँ
पथ हेर रही हैं अब तेरी, ओ रसिया।
माखन लेकर बैठ गई पगली रधिया
अब देर न कर ओ कान्हा,मनबसिया ।
कटि पर मटकी अब डाल रही
ग्वालिन पनिहारिन ओ केशव।
चंचल चितवन चहुँ ओर तके
अब तो कंकड़ फेंको माधव।
महारास का समय निकट है
काली रजनी बड़ी विकट है।
डर से थर-थर काँप रही सब
अब तो आ जा ओ मनमोहन।
मातु यशोदा तुझे न छोड़े
नंदबाबा भी द्वार न छोड़े।
फिर भी तुम कुछ जतन करो
ताकि मधुबन तुम आ पाओ।
हमें घरवाले जबतक ढूंढे
मिल महारास को पूर्ण करें।
परमतत्व औ आत्मतत्व को
आओ मिलकर एकाकार करें।

❧ ❧ ❧

89. लौटती संस्कृति

हजारों वर्षों की गुलामी
संत्रास हजारों वर्षों का।
पहचान हमारी मिटाने की
हर संभव कोशिश शत्रु का।
इतने वर्षों में हम सब तो
भूल गए थे खुद से खुद को।
क्या थे क्या हो गए सभी हम
स्वदेश पराया लगता था हमको।
शनैः-शनैः हम कुछ वर्षों से
लौट रहे निज घर पर अब।
जो पहचान हमारी दबी पड़ी
वह उछल आ गई पथ पर।
भारत जन के प्राण अधारे।
जहाँ प्रकटे थे राम हमारे।
अब लौट गए वे निज घर को
धन्य-धन्य हैं भाग्य हमारे।
प्रयागराज भी लौट चुके हैं
अवध ले रहे हैं अंगड़ाई।
लौट गए अब वीर शिवाजी
जल सैनिक गर्जे हरषाई।
थे जो बोस हमारे अमर सेनानी
अब वे खड़े हुए दिल्ली में तनकर।
लख राजपथ अब भागा नेपथ्य
अब कर्त्तव्य पथ ही अपना सुपथ।
अब जाग रहे हैं भारतवासी
गहन तिमिर भी छँटनेवाली।
फिर से गौरव गाथा बनकर
लो लौट रही संस्कृति हमारी।

90. इस उपवन की लाज संभालो भाई

विविध पुष्प और विविध गन्ध से
है विविध रंग सज्जित यह उपवन।
नफरती बीज बोकर किसने रे
इस मधुबन बीच आग लगाई?
इस उपवन की लाज संभालो भाई।
यह प्रस्फुटित विद्रोह उपवन में कैसा?
क्यों उठता उपवन गुब्बार धूल का?
झूमते फूल सुगंधित वायु कहाँ गए?
क्यों पौध हो रहे धराशायी भरी तरुणाई?
इस उपवन की लाज संभालो भाई।
कर लिए हलाहल यह वनमाली
वृन्त-वृन्त कुछ छिड़क रहा है?
जहर गन्ध पल्लव-पल्लव में फैल गई
विषाक्त लहर से उपवन की काया अकुलाई
इस उपवन की लाज संभालो भाई।
इस उपवन में साँप बिच्छू बहु डेरा डाले
घूम रहे कुछ श्वान वहाँ पर रक्त के प्यासे।
दसों दिशाएँ कंपित हैं रे भौंकन रव से
खिलने से पहले ही अब कलियाँ मुरझाई।
इस उपवन की लाज संभालो भाई।
हुए तिक्त मधुरस भागा मधुकर
विषबेल तनों से लिपट गई अब।
मसली कलियाँ धरती पर लुंठित
खिलती कलियाँ डर से सकुचाई।
इस उपवन की लाज संभालो भाई।
हुआ नंदनवन अब बाजो का डेरा
बिन पंछी कलरव वह हुआ अकेला।
देखो भय कंपित पंछी भाग रहें कहीं
रो रही अकेली वन भूमि देखो अकुलाई।
इस उपवन की लाज संभालो भाई।
सुनो-सुनो तुम ओ वनमाली
जड़ काट रहे क्यों अपनी फुलवारी?
है उद्यान हमारा फिर घृणा कैसी?
देखो सूख रही अब तो अमराई!,
इस उपवन की लाज संभालो भाई।

91. शरद पूनो

ओ शरद की पूनो पहन के नभ नव धवल दुकूल
सखी तारिकाओं संग अठखेलियाँ करती तू अबूझ।
खिली धरती खिला गगन खिल रही तू स्वच्छ अभ्र
स्वच्छ सर खिली कमलिनी फैला रही सुगन्ध अनूप।
आज सोलहों कलाओं से सज्जित है तू ओ पूनम
देखो तेरा रूप यौवन मंत्रमुग्ध सा निहारता सागर
उठता ज्वार-भाटा उसमें मिलन अधीरता में
पागल सा मचल रहा देखो ऊँची उठ रही लहर
तेरी किरणों के कोमल छुअन मात्र से
ललक तुझे पाने की नाकाम कोशिश में
जैसे बौरा गया हो रत्नाकर प्रेम में पड़कर
देखो उछल रहा है वेग पूर्वक वह गगन में।
हरी-हरी स्वच्छ साड़ी में लिपटी सी
देखो इधर सद्यस्नाता धरती भी
सजाए धान पुष्प के रजत सम कर्णफूल।
ताक रही तुझे मौन अपलक होकर लीन सी।
वह धीर गम्भीर मौन यति सम
गगनचुंबी हिमशैल शिखर सब
देखो स्थिर होकर लूटा रहा दिशि
शशि किरण परावर्तित कर वह।
देखो ओ शरद की पूनो पूजाघर के ईश
निकल आये आँगन सुधा रस खातिर।
तेरे स्वागत में सज गए खीर की थाल
खुले आँगन में लिए अमृत की आस।
शरद पूनो आज कर अमृत वर्षण खूब
ताकि अमर हो जाये सद्विचार गुच्छ।
जैसे आज स्वच्छ धरा और स्वच्छ गगन
वैसे ही हो स्वच्छ सम्पूर्ण मानव जीवन

92. छोड़कर गोकुल की गलियां

छोड़कर गोकुल की गलियां
तोड़कर सब नेह को,
यह प्रेम था या और बतियां
जला दिए सबके हिये को।
तुम प्रेम की ही बात कर-कर
गोपियों को थे रिझाते,
रीझ गई जब गोपियां
फिर छोड़ गए क्यों दिल मसलकर।
मातु-पिता से छुप-छुपाकर
मधुर वंशी तान सुनकर
थी गोपियां जो दौड़ पड़ती
रो रही वो आज खुलकर।
यमुन पुलिन पर बैठ-बैठकर
जो वचन तूने दिए थे,
विश्वास नहीं होता है उनको
जो जख्म अब उनको मिले थे।
कदंब के डाल पर है आज भी
वह लटका हुआ झूला,
हवा के झोंक में हिलता हुआ
उसे इंतजार है किसका?
याद करो तुम ओ कन्हैया
उन श्वेत अभ्र की रातों को
थे लेटे तुम तारों की छइयां
कसकर अंक में उनको।
तुम उद्धव को भेजकर
क्यों क्रूर लीला कर रहे हो?
प्रेम सुधा तड़ाग में तुम
ज्ञान विष क्यों घोल रहे हो?
महल का वास मिलते ही
क्या उटज प्रेम को भूल गए?
श्रृंगारित रानियाँ रूपजाल में
सादी गोपियों को भूल गए!
हिये प्रेम का अंकुर उगाकर
स्वप्न तुम मीठे दिखाकर,
चले गए किस देश कान्हा

गोपियों का दिल जलाकर।
साल इतने बीत गए कि
बाल राधा पक गए हैं।
उनकी आँखों में झाँको रे कोई
प्रतीक्षा अमर होकर अड़ी हुई है।
तुम पुरुष हिये से परुष हो
प्रेम का क्या हाल जानो।
नवनीत पर मक्खियाँ भिनकती
तुम इसे मानो न मानो।
नित्य पथ को देखकर
है लौटती मैया यशोदा
नींद में ही विकल होकर
पुकारती है ओ कन्हैया।
आँख से सूझता नहीं कुछ
बूढ़ी हड्डियां हो गई है।
फिर भी झाँके द्वार पर वह
क्या लाल मेरा आ गया है।
खाट पर लेटे ही लेटे
कह रहे हैं नंद बाबा
देह के मिटने से पहले
आएंगे क्या मेरे लाला।
है चिरप्रतीक्षा में रत गोकुल
ताक रही हैं पथ पर अँखियाँ।
विरह अगन हिये ताप विषैली
खदक रही है फिर से यमुना।
सत्य यही नहीं दोष तेरा
हमेशा प्रेम ही वैभव से हारा।
हैं प्रेम के आनंद कुछ दिन
विरह पीड़ जीवन है सारा

❧❧❧

93. न जाने किस-किस की खातिर

न जाने किस-किस की खातिर
सिय राम लखन वन गमन हुआ?
क्या पितृ वचन का मान रहा
या अभिलाषा केवट पूर्ण हुआ।
क्या व्यर्थ कैकेयी बदनाम हुई?
या वक्ष निषाद का तृप्त हुआ।
न जाने किस-किस की खातिर
सिय राम लखन वन गमन हुआ?
नेत्र भरद्वाज का सफल हुआ
या देवों का हृदय प्रसन्न हुआ?
मंदोदरी हृदय भय व्याप्त हुआ?
या था विधि का लेख जो पूर्ण हुआ?
न जाने किस-किस की खातिर
सिय राम लखन वन गमन हुआ?
क्या भाग्य चित्रकूट का जाग गया
जो प्रभु पद पड़ते ही तीर्थ हुआ?
या था साधु भरत का भ्रातृ प्रेम
जो सम्पूर्ण जगत प्रसिद्ध हुआ?
न जाने किस-किस की खातिर
सिय राम लखन वन गमन हुआ?
दो महासती को मिलना ही था?
या अभिलाष अत्रि का पूर्ण हुआ?
या वाल्मीकि के हृदय कवि का
एक महा नायक से मिलन हुआ?
न जाने किस-किस की खातिर
सिय राम लखन वन गमन हुआ?
लखन सिय के संग प्रभु का
जब पंचवटी में निवास हुआ।
वृद्ध गिद्धराज जटायु का तब
चिर प्रतीक्षित प्रेमालाप हुआ।
न जाने किस-किस की खातिर
सिय राम लखन वन गमन हुआ?
रूपजाल फैलाकर वो शूर्पणखा
पथ ऋषि पुत्रों का भटकाती थी।
जब उसके रूप का हरण हुआ तब

ऋषि मुनियों को हर्ष अपार हुआ।
न जाने किस-किस की खातिर
सिय राम लखन वन गमन हुआ?
चौदह सहस्र सेना के संग
खर दूषण का संहार हुआ।
बदले की आग में जलता रावण
कर हरण सिया महापाप किया।
न जाने किस-किस की खातिर
सिय राम लखन वन गमन हुआ?
सीताजी के विरह शोक में
प्रभु को भीषण संताप हुआ।
दंडकारण्य में घुसकर प्रभु ने
कबंध विराध का नाश किया।
न जाने किस-किस की खातिर
सिय राम लखन वन गमन हुआ?
क्या प्रतीक्षारत अगस्त्य मुनि थे?
असुरों का नाश जो होना था।
दुष्ट दलन हित खातिर मुनि ने
प्रभु को दिव्यास्त्र प्रदान किया।
न जाने किस-किस की खातिर
सिय राम लखन वनवास हुआ?
क्या चिर प्रतीक्षा शबरी की थी
जो चख बेर राम ने पूर्ण किया?
या फिर ऋष्यमूक पर्वत समीप
हनुमान हृदय को तुष्ट किया?
न जाने किस-किस की खातिर
सिय राम लखन वन गमन हुआ?
क्या परलोक बाली को जाना था?
या सुग्रीव पीड़ित हित करना था?
या समुद्र पार फिर हनुमद के कर
क्या विध्वंस लंक था तय हुआ?
न जाने किस-किस की खातिर
सिय राम लखन वन गमन हुआ?
विरहाकुल सीता मईया को
दृढ़ हनुमद ने था धैर्य दिया?
या खबर सिय की राम को देकर
फिर से नव प्राण प्रदान किया?
न जाने किस-किस की खातिर
सिय राम लखन वन गमन हुआ?

लंका की धरती पर प्रभु ने
जो भीषण युद्ध अपार किया
क्या था विभीषण हित भी शामिल
जो चुन-चुन निशिचर संहार हुआ?
न जाने किस-किस की खातिर
सिय राम लखन वन गमन हुआ?
लड़ते-लड़ते मरा दशानन
संताप जगत का दूर हुआ।
हर्षित धरती हर्षित अम्बर
वह दिन दशहरा प्रसिद्ध हुआ।
न जाने किस-किस की खातिर
सिय राम लखन वनव गमन हुआ?
सिय राम लखन का वन को जाना
था अनगिन प्रश्नों को छोड़ गया?
सभी प्रश्नों का उत्तर तभी मिला
जब वनवास राम का पूर्ण हुआ
न जाने किस-किस की खातिर
सिय राम लखन वन गमन हुआ?

94. यह कैसी दिवाली है

मानवता पर काला साया
अंतरतम नैराश्य की छाया
मन का दीपक बुझा-बुझा सा
बाहर जगमग जोत की माया।
धन वैभव दीपों का जगमग
चकित नयन ताके चहुँओर।
आतिशबाजी जुआ जमघट
कहीं टप-टप टपके लोर।
उस घर देखो घना तमस है
भीतर-बाहर सब बेबस हैं।
चिर बुभुक्षा अँखियन झाँके
काल वहाँ पर बना निदय है।
अंतरतम में तम का साया
बाहर ज्योति ढूंढ रहा है
तमस टटोलन जो मिलता
उसको अपना मान रहा है।
प्राणवायु हो रहे नदारद
खाँस रहे हैं लोग यहाँ पर
अंबर विष के बादल छाए
विष वायु बहते अवनी पर
उदधि उपासक को जग में
कब नीर नदी का भाता है!
हैं छद्म चमक में जो उलझे
उन्हें ज्ञान दीप कहाँ भाता है
देखो संवेदन की लाशों पर
फुट रही फुलझड़ी पटाखे।
लिपट स्वार्थ में खुद को भुला
अब घर-घर घुसा उल्लू रे।
हे राम यहाँ फिर लौट के आओ
रावण फिर से हमलावर है
ज्ञान दीप की ज्योति बुझाता
जन-मन फिर से विचर रहा है।

95. तुम्हारे पाँवों से

तुम्हारे पाँवों से
अब आती नहीं
वो सुर साज सी
पदचाप की ध्वनि से
सुरताल मिलाती
रुनझुन-रुनझुन करती
तेरी पायल की झनक।
तेरी कलाइयों से भी
पहले जैसे कानों में
मिश्री जैसी
घुलती नहीं अब
तेरी चूड़ियों की खनक।
तुम्हारे बदन से भी
अब उठती नहीं कभी
कोई ऐसी महक
जो खींच ले किसी को
अकस्मात तुम्हारी तरफ।
पर प्यार से तुम्हारे
अँखियों की तकन
मेरे जिस्म के भीतर जाकर
मेरी रूह को कर जाती है
सराबोर एक अनूठे महक।
दे जाती है मुझे एक
पाकीजगी का अहसास,
बढ़ जाती है तब
मेरे चेहरे की चमक।

❧❧❧

96. रोष

सृष्टि के सभी अवयवो में
काष्ठाग्नि की तरह छुपा हुआ
एक नैसर्गिक आवेग रोष।
रोष एक ऐसी ऊर्जा
जो होता है सर्जक भी विध्वंसक भी।
इसमें छिपा हुआ है कुछ ऐसा संदेश
जिसे जान नही पाते सामान्यतः लोग।
जर्जर हो चुकी व्यवस्था हो
या जर्जर हो चुकी परंपरा
दुष्ट व्यभिचारी हो
या हो समाज द्रोही
अंधविश्वास का अंधकार हो
या हो पांडित्य का घमंड
इन सबको पटरी पर लाने का
एकमात्र साधन है ऊर्जा से लबरेज रोष।
रोष एक ऐसी ऊर्जा है प्राकृतिक
जो कर जाता आश्चर्यजनक रूप से
असंभव को संभव।
सामान्य अवस्था में
नही हो पाता जो दुष्कर काम
रोष आने पर सहजता से
हो जाता वह काम
रोष होता है नवीनता का आग्रही
इसीलिये प्रकृति भी करती है
समय-समय पर भयंकर रोष विनाशकारी
सिर्फ नवनिर्माण की खातिर।
रोष का होना जरूरी है
समष्टि कल्याण के लिये।
नही होना चाहिये यह
निज स्वार्थ के लिये।
स्वार्थ से परिपूर्ण
इर्ष्या और द्वेषजनित रोष
स्वयं को ही जलाता रहता है
दिवा हो या रात।
नही बचता कुछ शेष

जबतक आता है होश।
रोष कर सको तो करो राम की तरह
ताकि नष्ट हो जाये समूल वो,दसकंठ की तरह।
रोष कर सको तो करो कृष्ण की तरह
ताकि नष्ट हो जाये कोई दुष्ट कंस की तरह।
रोष कर सको तो करो गाँधी सुभाष की तरह
ताकि हो आजाद कोई मुल्क भारत की तरह।

97. प्रेम ब्रह्म अनुरक्ति है

प्रेम ब्रह्म अनुरक्ति है
चेतना की शक्ति है।
इसमें नहीं वासना
और ना ही आसक्ति है।
आसक्त मन साथ छूट
जार-जार रोता है।
प्रेमी मन विरह को
भाव नहीं देता है।
जीवन के हरपल को
आंनदित हो जीता है।
राग द्वेष शोक मोह
नहीं प्रेमी मन होता है।
निस्पृह भाव निर्दिष्ट कर्म
जीवन भर करता है।
आगे जो डग बढ़ा
पीछे नहीं हटता है।
प्रेम ही ब्रह्म और
प्रेम ही सत्कर्म है।
जीव और ब्रह्म का
विलक्षण संबंध है।
मोहासक्त मन मौसमी
कभी खुशी कभी दुःखी।
प्रेमपगा विरागी मन
है हरपल आनंदित।
प्रेम सत भाव है
ईश्वर का नाम है।
व्यष्टि की चाह नहीं
समष्टि का भाव है।
प्रेम ब्रह्म अनुरक्ति है
आत्मा की शक्ति है।
सम्पूर्ण सार जीवन
इसमें ही बसता है।

98. जागो महादेव

कर नेत्र बंद तू बैठा शांत
ओ शम्भू तू कैलाश वास।
देखो पुण्यभूमि भारत आज
है बेचैन पीड़ित भीतरघात।
वो पीट-पीट छाती अपनी
देखो रो रही अविराम आज।
कुछ अपने ही लालची जन
दुःख दे रहे हैं दिवस रात।
हमारे राष्ट्रध्वज तिरंगे पर
कुछ शत्रु डाले नजर आज।
कुछ धर्मों की आड़ लेकर
देखो करे घात भारत भाव।
हैं छल छद्म परिपूर्ण ये
कलयुगी मायावी दैत्य।
हैं देखने में भोले-भाले
पर पत्थर कलेज सम।
अचके से घात करना
झटके में प्राण लेना
नाना वेषधारी ये तो
कलयुगी पिशाच हैं।
अब उठो-उठो भूतनाथ
तुम छोड़ो कैलाश वास।
है दैत्य बोझ भारत माथ
तू खोलो अब अक्ष ज्वाल।
कर डम-डम डमरू निनाद
तुम नृत्य प्रलय करो आज।
हो प्रचंड दैत्य क्षत-विक्षत
ऐसा त्रिशूल वार करो आज।
तू लेकर पिनाक हाथ
दुष्ट दलन करो आज।
इस देवभूमि भारत को
तुम संकट से करो पार।

99. जब लौटती है जिंदगी

निस्तेज आँखे रुग्ण है काया
भय कम्पित हिया मौत का साया।
कबतक हूँ मन में प्रश्न है छाया
ये क्या है नियति है या है माया?
अब पल-पल सताने लगा है
अपनों से बिछुड़ने का भय।
मन भटका यादों की घाटी
सुर जीवन का टूट रहा लय।
जानता हूँ इकदिन जाना है
फिर भी मोह संसृति माया है।
वश में कुछ भी तो नहीं अपने
हे ईश तेरी कैसी अगम लीला है।
स्वस्थता का अहसास होते ही
निस्तेज आँखे सतेज हो रही है।
भूलकर अहसास क्षणभंगुर जीवन का
काया फिर नव उत्साह से दौड़ने लगी है।
ऐसा ही होता है रे इस जीवन
होता है अहसास हिये संगीत का।
छेड़ता है राग नव फिर से मन
आस से भरी जब लौटती है जिंदगी।
मन नहीं होता रे कभी तटस्थ
स्वीकारता नहीं नियति सहर्ष।
रंग बदलता पल-पल जीवन
राग बैराग में सफर करता मन।

❧❧❧

100. ओ सितारे

दूर नभ में श्यामपट्ट पर
टिमटिमाते ओ सितारे
बन किस पथिक के आस दीपक
जल रहे तुम रैन सारे।
है कौन पथिक जो राह भटका
किसका कदम काँटो में अटका।
निराश मन उत्साह भरते ओ सितारे
हो किसलिए जलते ही रहते रैन सारे।
दूर क्षितिज वो सूर्य पश्चिम डूब गया है
शशि भी अमावस में कहीं पर खो गया है।
इस भयानक कालरात्रि तुम ओ सितारे
जल रहे तुम क्यों अहर्निश रैन सारे।
स्याह पर्दे पर मुक्ता-मणि सम लग रहे हो,
कल्पना नभलोक के तुम लग रहे हो।
पर रौशनी तेरी नहीं आती महि पर ओ सितारे
फिर कौन जो गिर-गिर के उठता रहा है रैन सारे।
प्रसन्न मन विस्तृत नभ तुम चमक रहे हो
हताश पथिक उत्साह मन में भर रहे हो।
निराश मन एकांत कोने ओ सितारे
मैं थका हुआ गिरा पड़ा हूँ रैन सारे।
उत्साह भरकर मैं भी निकला गेह से निज
नभ देखकर तुम्हें टिमटिमाते जगमगाते।
बस आस यह पथ वो मिलेंगे रैन सारे
जो मिल सकें न अब मिलेंगे ओ सितारें।
दूर नभ में श्यामपट्ट पर
टिमटिमाते ओ सितारें।
बन किस पथिक के आस दीपक
जल रहे तुम रैन सारे।

❧ ❧ ❧

101. ओ बादल

ओ बादल तुम बदल गए हो
अस्थिर मानव सम बहक गए हो।
तेरे चाल-चरित्र सब उलट- पलट
बन धवल शशक नभ दौड़ रहे हो।
कभी ललचाते हो जी भरकर
कभी हर्षाते तुम केवल क्षणभर।
कभी पीड़ हृदय में देते हो तुम
बन निठुर बधिक मँडराते बादल।
रे बादल धरती पुत्रों की आह को सुन
धरती की फटती छाती को देखो तुम।
रे क्या दया नहीं है तेरे हृदय में
बन निशिचर गर्जन करते हो तुम।
निठुर हृदय बन दूर गगन से
कृषक हृदय को कुहूकाते हो।
और कभी मेघासुर बनकर
गाँव नगर तुम दहलाते हो।
कहीं धरती इतनी डूबी कि
हर साँस वहाँ अवरुद्ध हुई।
कहीं धरती इतनी सुखी कि
हर देह वहाँ की झुलस रही।
सावन में उड़ते धूल देख
अरमान कृषक के हवा हुए।
अब कवि लेखनी कुंद हुई
सारे रस उर से निकल गए।
ओ बादल अब तरस भी खाओ
अब तुम इतना मत तड़पाओ
सम-विषम का खेल छोड़कर।
बस अमृत सम वर्षण बन जाओ।
हम मानव की निठुर क्रिया से
ऋतुचक्र हो गया उलट-पलट।
रे मानव तुम अब भी चेतो
या दूजे ग्रह प्रस्थान करो।

102. ओ नटवर

जब बीच भँवर था डूब रहा
था अवचेतन में पड़ा हुआ।
जब आँख खुली तो ये जाना
ओ नटवर तूने बचा लिया।
यह रचित तुम्हारा जगतीतल
अद्भुत अनन्त विस्तार अगम।
था ढूंढ रहा तुझे इधर उधर
तू खड़ा इधर अदृश्य निकट।
था त्रिविध ताप बीच पीड़ित भटक
तन चैन नहीं मन अति विह्वल।
जब ज्ञान ज्योति झाँका अंतर्मन
सब ताप हुए फिर इधर उधर।
वो विकट समय जब था सिर पर
सब भाग गये थे मुझको तजकर।
मन व्यथित क्लांत तन रोता था
मिल रहा जो पल-पल धोखा था।
पर भान नही था मुझको प्रभुजी
थे तुम निकट खड़े संबल बनकर।
हे अच्युत हे ज्योति स्वरूप
हे पद्मनाभ हे ईश अलख।
जब सबकुछ छोड़ दिया तुम पर
तब शांत हुआ भयमुक्त हुआ मन।
अब कट रहा वासना जाल प्रबल
जग रहा है उर बीच प्रेम प्रबल ।

❧❧❧

103. एरी बरसात निगोड़ी

पवन सखी संग ताल मिलाती
कनक करधनी को चमकाती
आई भाव भंगिमा बंकिम लेकर
करती नर्तन तू एरी बरसात नशीली।
धरती पर तेरी गिरती बूंदे
लगे सतरंगे मणि के मनके।
झमझम रिमझिम स्वरलहरी
लो कर्ण गुहा मिश्री सम घुली।
हिय उमंग पर प्रिय नहीं संग
फिर अंकवार में भरूँ किसे।
तू कुछ बादल को भेज उधर
मेरे प्रिय बसे जिस देश में।
लख दमक दामिनी सुन गर्जन
दहकत डरपत है साथ-साथ मन।
झमझम छमछम वर्षा के रव सुन
मैं भटकूँ यादों के भूल-भुलैया
तू पहले जैसी नहीं रही अब
सुन एरी बरसात निगोड़ी।
तेरे मौसम धरती फटती अब
सुन ओ री बरसात भगोड़ी।
मस्तक पर हस्त लिए बैठे
वो कृषक खेत को देख रहा।
शून्य अभ्र है शून्य अक्ष है
अरमान चिता बन दहक रहा।
लौटो-लौटो तुम ओ ऋतु रानी
नभ ताक रही धरती मईया।
अब दहक सूर्य की सही न जाये
अब तो लौटो एरी बरसात निगोड़ी।

104. अंतर ज्वाला

अंतर ज्वाला धधक रही है
वो दबी हुई चिंगारी फिर से
अनुकूल हवा का रुख पाकर
दिल ही दिल में भड़क रही है।
ये कौन सा बयार नफरती
मचा रहा हर मोड़ खलबली।
मासूम बेटियाँ सिसक रही है
अंतर ज्वाला धधक रही है।
जन्म दिया निज कोख में पाला
फिर बड़ा किया सह गर्मी जाड़ा।
अब इन संतानो की बेरुखी से
अंतर ज्वाला धधक रही है।
देशभक्ति की चादर ओढ़े
कुछ विषदन्ति टहल रहे हैं।
इनके कुकृत्य देख-देख निज
अंतर ज्वाला धधक रही है।
सच्चाई है छुपी कहीं पर
टहल रहा है झूठ महि पर।
सच्चाई का सुन-सुन क्रंदन
अंतर ज्वाला धधक रही है।
बहुत बात कहनी थी तुझसे
पर रूठ गई प्रिय तुम मुझसे।
अब देख तुम्हारी निर्मम बेरुखी
अंतर ज्वाला धधक रही है।
चोर उचक्के सीना ताने
दिन दहाड़े लुटती निर्भयाएँ
कामुक कवियों की कविताएं
अंतर ज्वाला धधक रही है।

❧❧❧

105. अनुराग

भौतिक जीवन और अनुराग
है दोनो में संबंध सम्मोहन महान।
इन दोनो का संबंध है,
जैसे नदियां और लहर।
पर कभी-कभी लगता है मुझे ऐसा
यह प्रेम का पर्याय नही वैसा जैसा दिखता।
प्रेम है निस्सीम,निशर्त,और संपूर्ण चैतन्य।
अनुराग है ससीम,सशर्त,और जड़त्व लिए।
अनुराग में समाहित है,
हर्ष-विषाद और कारुणिक विलाप
प्रेम में समाहित है आनंद,परमानंद
और संपूर्ण ब्रह्माण्ड।
हमे अमुक व्यक्ति या वस्तु से था अनुराग,
अब उसका कोई भौतिक अस्तित्व नही,
फिर भी हम वियोगी बन रो रहे निरर्थक दिनरात।
अनुराग मेरी समझ में है एक छोटा सा
विचलन भरा राग।
और मेरी नजर में इसका विलोम विराग
है एक विशेष विशिष्ट राग।
विशिष्ट यानी अनंत से अनंत राग।
शायद यही प्रेम है।
प्रेम यानी जीवन का सार तत्व।
इसीमे समाहित है
सम्पूर्ण ब्रह्माण्ड और परमात्म तत्व।
अनुराग है भौतिक जीवन की सच्चाई
अस्थिर स्वार्थ प्रेरित लिये हुये निजताई।

106. मन वीणा के तारों से

छेड़ दिया हौले से किसने
मन वीणा के तारों को?
उठ रहा अनुपम सुर अंतस
"मन वीणा के तारों से"।
जबसे स्वर का भान हुआ है
सुधबुध खोये बैठा हूँ।
मीठी उठती स्वर लहरी में
ध्यान लगाये बैठा हूँ।
धीरे-धीरे यह सुर लहरी
रोम-रोम में फैल रही है।
पुलक रोम अधरों में कम्पन
अँखिया किसको देख रही है।
उर भीतर यह रव जो गुंजा
तन खोया संसृति को भुला।
नयन खुला रखना अब मुश्किल
धीरे से यह नयन भी मूँदा।
मूंदे नयन से रिस रहा है
अश्रु अविरल दिवा-रात।
आनंद घन वर्षण है ऐसा
हिये भींग रहा है बार-बार।
तू विरह पीड़ लपेटे रे मन
जनम-जनम जिसे ढूंढ रहा था।
वह लोभ-मोह दुर्गुण बादल मह
कहीं हृदयाकाश में छुपा हुआ था।
फट रहा बादल चमक रहा सूरज
उत्पल खिल रहा हृदय सरोवर।
अब संगीत रव उठ रहा अनूठा
"मन वीणा के तारों से" झनन झन
ओ प्रिय अलख तुम बैठ कहाँ से
छेड़ दिए हिये तार वीणा के?
अन्तर्दृग दर्शन को प्यासा
क्या बून्द सुधा बन आओगे?

❦❦❦

107. आओ करें वंदना हम

आओ करें वंदना हम,
हिमगिरि कानन तपःस्थली का,
निर्मल सरित गंग यमुन का ।
जिनके रज चिन्हों पर चलकर,
हम भारतवासी धन्य-धन्य ।
आओ करें वंदना हम
थे हुए पददलित हम बार-बार,
थे हुए गुलाम हम कई बार ।
हम मिटे नही अस्तित्व अटल
रही हमारी संस्कृति अक्षुण्ण ।
आओ करें वंदना हम
कोटिशःत्यागी,बलिदानी
हुए प्रकट भारत भू पर ।
जिनके किस्से पढ़- सुनकर
गर्व हृदय आनंद अजस्र ।
आओ करें वंदना हम
जहाँ शिवि,दधीचि,हरिश्चंद्र सरीखे
दान पराकाष्ठा को है छूते ।
जहाँ कृष्ण ज्ञान गीता देते
औ सिंह के दाँत गिनते भरत ।
आओ करें वंदना हम
स्वर्गोपम है देश हमारा,
इसके कण-कण में स्थापित,
अमर शहीदों की गाथाएं ।
इस पवित्र मिट्टी का मिलकर
आओ करें वंदना हम ।

108. गुरु महिमा

मैं मौन चुप बैठा यहाँ
लगाया गुरु में ही ध्यान है।
इस पावन दिवस हे गुरुदेव
आपको नमन बारम्बार है।
भवसागर में डूबते के लिए
गुरु अछिद्र मजबूत नाव हैं।
भवसागर को पार कराता
गुरु एक मल्लाह हैं।
जलयान को गतिमान करता
गुरु एक श्रेष्ठ पतवार हैं।
जीवन की तप्त दोपहरी में
गुरुवर ठंडी छाँव हैं।
ज्ञान पिपासुओं के लिए
गुरुवर एक ठाँव हैं।
भटकते अज्ञान अमावस रात में
गुरु उगता ज्ञान गभस्तिमान हैं।
जूझते जीवन संग्राम रथी का
गुरु चतुर सारथी सुजान हैं।
हमारे लक्ष्य पर अचूक
गुरु बाणों का संधान हैं।
हूँ निश्चिंत जीवन में सखे
ये गुरु का ही अवदान है।
मैं निःशब्द हूँ महिमा गान में
क्योंकि वे ईश से भी महान हैं।

109. असंपृक्तता के असमतल कगार पर

चाहतों की भूलभुलैया में
भटकता हुआ यह जीवन।
बहता रहा स्वप्न सरिता में
निज दृढ़ नाव को छोड़कर।
उलझ रेशमी जाल में बहता रहा
उत्ताल तरंगे चोट को सहता रहा।
ढीले होते रहे मेरे अंग-प्रत्यंग
कभी डूबता कभी उतराता रहा।
वो जो निष्ठा रखते थे मेरे लिए
बन गया था मैं निष्ठुर उनके लिए।
अप्राप्य को पाने की थी कुछ जिद्द ऐसी
जो प्राप्य था अप्राप्य हुआ अब मेरे लिए।
रे नींद बड़ी गहरी स्वप्न बड़ा मीठा था
अपनो से भागकर गैरो से लिपटा था।
मुझसे जीवन के वे सात्विक मधुर पल
कब कैसे छूट गए कुछ पता न था!
मूंदे अधमूंदे नयन अद्र्धचेतना संग
यात्रा अनवरत चलती रही थी।
वो बोले थे आँख खुला रखना
पर पर्दे अहं से कर्ण गुहा ढकी थी।
स्वप्न मायालोक में उलझा रहा
पाँव जो आगे बढ़ा बढ़ता रहा।
देखा नहीं कभी मुड़कर मैंने
किसके अश्रु से पदचिह्न था मिटता रहा।
निःसंग हूँ मैं इस टीले पर बूत सा
हिये चोट को सहला कोई सीने लगा।
हैं ऊँच-नीच टीलों पर गड़ते कुश-काँट
हैं नयन मेरे अश्रुपूरित कंठ है प्यासा पड़ा।
सफर संपृक्तता से असंपृक्तता तक क्या लूटा?
हिये सिंधु था जो प्रेम मोती वही लूटा।
जो दिन-रात थे बेचैन रहते मेरे लिए
वो प्रतीक्षा रत रहे कब गत हुए अवगत न था।
निकल नींद के आगोश कोमल
आया जागृति के ठोस तल पर।
जब इक लहर ने फेंका था मुझको

"असंपृक्तता के असमतल कगार पर"।
डगमगाते पाँव मेरे देह गिरने को है आतुर
आर्द्र अँखिया तक रही चहुँओर व्याकुल।
हैं चुभ रहे कुछ याद पल-पल
"असंपृक्तता के असमतल कगार पर।

110. उतरी डोली सावन की

झींगुर रव साज बाज मेंढक मृदंग ताल
हरियर कचनार देखो तरुओं के पात-पात
सजी मेंहदी हाथों में सजे हैं श्रृंगार गात
उतरी डोली सावन की बूंदों की ले बारात।
सन-सन करता आया पुरवा पवन कहार
बदली डोली पर बैठा सावन आया आज।
शस्य श्यामला धरती भींगी गगन फुहार
मदमस्त धरा मुस्काई दुल्हन बनकर आज।
अब 'उतरी डोली सावन की' गाओ मल्हार
ताल-तलैया सरिता सबमें उमगन आज।
सावन की बूंदों से रमणी भींगत आज
फुहारों से चिपकी साड़ी नयन लजात।
इत-उत डोले पंछी छेड़े राग महान
सुन सखियों की टोली झूला झूले हुलास।
पगले भौंरे करते गुनगुन भर उन्माद
मँडराते बैठे फूलों पर वो चूस रहे पराग।
कभी टप-टप कभी झर-झर करता
कभी विरहिन पागल मन करता।
कुच-कुच काली रात में सावन
प्रोषितपतिका का हृदय डराता।
घन तड़-तड़ कर गरजा रे अम्बर
घन मध्य शया कौंधी रे पल-पल।
सुन अब तो आजा ओ निर्मोही
तू क्यों तड़पाये मुझको हरदम।
आँगन सावन मेह बरसते
कोठरी अक्षि बून्द टपकते।
लो धरती अम्बर भींग गए
क्यों मेरे अन्तस् सूख गए?
देखो 'उतरी डोली सावन की सखी'
नभ छाई कजली बदली सखी।
आओ स्वागत में हम गाये कजरी
भूल पीड़ विरह सब अपना हे सखी।
लो हरित वसन सकुचाई वसुमति
अब 'उतरी डोली सावन की सखी'।
लो दुल्हा बनकर आया सावन सखी

अब दुल्हिन वसुधा शर्माई सी सखी।

111. ये वर्षा का मौसम

ये वर्षा का मौसम
भींग रहा तनमन।
पाखियों का कलरव
दिल में मची हलचल।
पथ कीचड़ से लथपथ
पर पाँवो में थिरकन।
गरज रहा अम्बर से
उन्मत्त सा बादल ।
ये देखो घनवल्ली
क्षण-क्षण है चमकी।
वर्षा की बूंदों से
भींग रही धरती।
आषाढ़ की वर्षा में
सोंधा मन महका।
सावन की वर्षा मन
मिलने को तड़पा।
ये भादों की वर्षा
विरही मन डरपा ।
काँप रहे हाथ पाँव
पर पिया नहीं साथ।
पपीहरे की टेर है
परदेशी की याद है।
हृदय में शूल टीस
आँखों में बरसात है।
पल-पल है झरती
नभ से ये बूंदे।
पुरवा झकोरा से
तरुवर भी झूमें
उफनाई ये नदिया
घर-घर में घुसी।
बेघर हुए लोग अब
ढूंढ रहे ठौर है।
गन्दगी और रोग है
सब भूख से बेचैन हैं।
विष कीट सर्पदंश

हलकान सब लोग हैं।
सुख-दुःख की छाया में
जीवन की माया है।
कभी सुख आया तो
कभी दुःख आया है।

112. अरी आली

अरी आली!देखो मधुबन की छटा निराली
वृन्त-वृन्त पर फूल खिले हैं रंग बिरंगी।
पुष्पित पुष्पों की सुरभि से होकर पागल
अलि डोल रहा डाली-डाली।
सुमनों से निकला पावन सुगंध
बन प्रेम पीयूष फैला अनंत
तुम डुबो अलि इस प्रेम पयोधि
पत्तों की सर-सर कहता अनंग।
चंचल षट्पद इत-उत डोले
पुष्प अनंत खिले मधुबन में।
बौराया मधु सुगंध पा अलि
अनिर्णय में गुनगुन करते।
अस्थिर बुद्धि बन पागल भँवरे
हो व्यर्थ बाग में नर्तन करते।
समय बीतता जाता मधुरिम
बैठ पुष्प मधुपान तो कर ले।
खिले फूल इक अवसर है
जीवन सार यही मधुरस है।
रंगों के उलझन में मत पर
मन वश कर यही मधुपल है।
क्या पता कल इन बागों में
कलियाँ फिर से खिले न खिले।
कब मौसम बेरुखा होगा
इसका पता चले न चले।
अराति अनंत रे इस मधुबन के
उसकी नजर गड़ी डाली-डाली
उस प्रेम शत्रु को अवसर मत दे
मत डोल अलि डाली-डाली

❧❧❧

113. यह तन आवरण दुकूल सा

अलख निर्मल आत्मा पर है यह तन आवरण दुकूल सा
यह सत्य जब समझ में आया खिल उठा तब मन मुकुल सा।
चीरकर अब तो तमस को देखो ये दीपक जल उठा है
मुझे दिख रहा आलोक में अस्तित्व अब उस अलख का
प्रकृति के हर रंग मुझको दिख रहे अब साफ-साफ
मौन पीड़ा अश्रु अविरल घुल रहे सब साथ-साथ।
बून्द जो अब्धि समाया मैं नहीं बस तू ही तू
द्वैत से अद्वैत तक घुल गया अस्तित्व मिट गया आन-शान
सप्त सुर संगीत नव रव ऊपर गगन तक जा रहा है
हृदय प्रेमानंद हलचल लहर उदधि सम हो रहा है।
था जो व्यष्टि अब तलक वो तो समष्टि मिल रहा है
लख ज्ञान सूरज मन सरोवर प्रेम कमल अब खिल रहा है।
हृदय समंदर है हिलोरित वासना सब हुई तिरोहित।
भाव ने जब भाव पकड़ा खो गया तन,मन निनादित।
पवन दस्तक दे रहा है उड़ चलो निस्सीम में अब
तोड़ दो अब जगत बंध जगत के कल्याण खातिर।
मन पटल चैतन्य दीपक अब अहर्निश जल रहा है
नयन से आनंद अश्रु अब अहर्निश बह रहा है।
अवयव सभी ब्रह्मांड के गुँथे हुए इक डोर में
कौन पराया कौन अपना बस तेज अलख का लख रहा है।
था तम घोर निशा में उठता चीत्कार मेरा
कोई मौन विषधर डँस रहा था अंग मेरा।
विषाक्त लहर पीड़ तनमन औ चुभन थी
था उच्छ्वास के संग जी रहा जीवन ये मेरा
फूत्कार था चीत्कार था और भयावह रात रे
भाग रहा था नींद में ही मैं तो सारी रात रे।
खाई में गिरने से पहले थामा था किसने कर मेरा?
नींद टूटी आँख खुली अब दिख रहा निस्सीम मुझे रे।
खिल गया जब फूल मधुबन नवचेतना का
तब गुंजा मधुप गुंजार मधुबन नवगीत सा।
झकझोरती अचानक मुझे बिजली सी कौंधी
आत्मा भीतर विराजित तन आवरण दुकूल सा।

114. जलते दीपक

आज अमावस्या दिवाली है
छाई घर-घर में उजियाली है।
देखो अँधियारे से लड़ने खातिर
चकमक फौज दीपों की आई है।
जलते दीपक से मत पूछो
वह क्यों कैसे जलता है।
तिल-तिल जलना तम से लड़ना
भाग्य में उसके यही बदा है।
जबतक दीपक जलता रहता
वह द्वंद्व तिमिर से करता रहता
लड़ते-लड़ते जब बुझ जाता
तभी ध्यान हमें उसका आता।
जब सूर्य रश्मियाँ छिप जाती है
लड़ अंधकार से थक जाती है।
तब नन्ही-नन्ही दीप रश्मियाँ
युद्धस्थल में डट जाती है।
अस्ताचल की गहन गुफा में
घायल दिनकर पड़ा हुआ है।
तब निशा अमावस घोर तिमिर से
झिलमिल दीपक लड़ने आया है।
इस निशा तमस से लड़ते-लड़ते
देखो कई दीपक वीर शहीद हुए।
कुछ घायल होकर भुकभुक करते
कुछ तनकर साहस से खड़े हुए।
घर में देखो बाहर में देखो
गलियाँ देखो चौबारा देखो।
गहन तिमिर को दूर भगाता
दीपक के साहस को देखो।
अब रात अभी कुछ ही बाकी
ओ दीपक तुम मत सो जाना
हैं अब सूर्यदेव आने ही वाले
ओ दीपक धीरज मत खोना।

115. मेघा बरसो मेरे आँगन

बन मधुर राग पुरवा हवा जब कानों से टकराई
प्राची से उठती बदली जब नभ आँगन लहराई।
मैं समझी ऋतु रानी बरखा आँगन मेरे आई
मैं पगली उल्लास आस फिर आँगन दौड़ी आई।
पर तीव्र गति से नभ आँगन तू ओ बादल
क्यों जारहे उस छोर छोड़ मेरा आँगन?
मत जा-मत जा कहीं तुम ओ कारे बादल
लौटो-लौटो ओ मेह तुम मेरे फैले आँगन।
हो हर्षोत्फुल मैं दौड़ रही अपने आँगन
अब तो बरसो ओ मेघा मेरे आँगन।
तन प्यासा है मन प्यासा है सुन रे बादर
मत जा तोड़ हृदय को मेरे सुन रे बादर।
ओ मेघा तुम कब बरसोगे मेरे आँगन
लिए अगन हृदय मैं घूम रही अपने आँगन।
देखो धूल गौरैया नहा रही मेरे आँगन
तू अब तो आजा ओ मेघा मेरे आँगन।
नभ चंचल बनके घूम रहे तुम ओ बादल
लुका छिपी क्यों खेल रहे तुम ओ बादल।
अभी-अभी नभ दिखे थे तुम ओ बादल
अभी-अभी फिर कहाँ गए तुम ओ बादल।
नभ नील अक्ष में बन काजल तु ओ मेघा
बेचैन हिया को क्यों तड़पाये तू ओ मेघा।
रिमझिम बरसों मेरे आँगन तू ओ मेघा
मैं कजरी गाने को आतुर सुन ओ मेघा।
देखो आने वाला है फिर से सावन
लटक गए हैं झूले बगिया मनभावन।
गाएंगी फिर सखियाँ झूले पर संगीत सुहावन
इसीलिए तुम ओ मेघा बरसो मेरे आँगन।

❧❧❧

116. आये वसंत

आये वसंत खुलकर विहसकर
दौड़े द्विरेफ कुसुम पर मचलकर।
आये वसंत भागे हेमंत
सभी प्राणियो मे समाये अनंग।
सहकारो पर बौर लदे झूमकर
हिलाये पवन भी उसे चूमकर।
जगे द्रुम सब,नव किसलय के साथ
मानो प्रकृति का हुआ श्रृंगार।
बहकर त्रिविध समीर फिज़ा में
तनमन को सरसाये
भ्रमरवृन्द भी उपवन में
नर्तन कर करके गाये।
पवन संग नव पल्लव भी
देखो कैसे है डोल रहे,
मानो वसंत सिर उपर,
हिल-हिल चँवर डुला रहे।
पीक कीर कुहु टें टें करके
दिशा ध्वनित है करते,
मानो ऋतुपति के स्वागत में
मंगल गायन सुना रहे।
सुबह सरोवर में शतदल
खिलकर षट्पद को मोह रहे
स्वर्णिम आभा से परिपूरित
आसमान भी चमक रहे।
रैन कलाधर अंबर से
सुधा वृष्टि है करता
पीकर जिसे कमलिनी भी,
विहस रही है खिल-खिल के।
तितलियां भी रंग सजाकर
पुलकित पंखो की थाली में,
चली बसंत को तिलक लगाने
हर्षित हो उपवन में
इसी वसंत मे होली भी
आती है डंफ बजाकर के,
बच्चे बूढ़े युवको के बीच।

आती है भेद मिटाने
दुश्मनी का भेद मिटाकर
सभी गले मिलते है
रंग अबीर का कीच मचाकर
प्रेम बीज बोते है।
अब तो बसंत के आने का
कुछ पता नही चलता है
इसके आने पर भी अब,
मन उदास रह जाता है।
जिस रथ पर ऋतुराज बैठ,
आता था सजधज के
उस रथ को ही क्रूर मनुज
तोड़ रहा निज कर से।
कंक्रीट के जंगल में
लोहे के जीव विचरते हैं,
इन्हे कहां भाती हरियाली,
ये तो ग्रीन हाऊस गैसों के आदी।
इसीलिये ऋतुराज यहां पर
मारा मारा फिरता है,
दूर कही कोयल के स्वर सुन,
शीत हृदय को करता है ।
धकेल सभी को ग्रीष्म तपन में
तुम रुखसत हो रहे हो,
ये भी तुम सोचे नही मन में
होगा क्या हम सबका।
ओ निष्ठुर हृदय बसंत,
हमे तुम सुख का घूंट पिलाकर,
क्यो दुःख में छोड़ रहे हो?
रुको-रुको तुम ओ बसंत,
क्यों भागे जा रहे हो?
मनुज हृदय में प्रेम बसाकर
क्यो मुख मोड़ रहे हो?
समझ गया मैं क्यों तुमने,
मुझे दुःख के संगर में छोड़ा।
लगातार सुख घूँट पीने से
हो जाता प्राणी अकर्मण्य
इसीलिये तो दुःख संगर में
छोड़ा तुमने ओ बसंत।
नहीं-नहीं तुम रुक नही सकते

तुम्हें बहुत दूर जाना
सारी मानवता को तुम्हें है
प्रेम पाठ सीखलाना।
जाओ-जाओ तुम ओ बसंत
नही रोकेंगे हम सब तुमको,
कर्मक्षेत्र के कठिन ताप में
याद करेंगे हम तुमको।
कर्मक्षेत्र के रणांगन में
जब थक निराश हो जाएंगे,
तब तेरी यादें हम सबको,
उत्साह नया पहुंचाएंगी।

117. आया सावन

आया सावन बम-बम हर-हर
गुंजत मन में हर पल हर क्षण
गुंजत नचारी के गीत सुहावन
अब हिया-हिया छाए नटराजन।
बाबा की नगरी अब गुंजत
बम-बम हर-हर,हर-हर बम।
शिवालय में भीड़ भयंकर
चढ़ता जल उत्साह मनोरम।
कोई गंगाजल लाये भरकर।
तो कोई दुग्ध चढ़ाए उनपर।
हिये कामना खड़े नतमस्तक
शिव दुःख हरते करुणा विह्वल।
सावन में सोमवारी पूजा
सजी बहनें श्रृंगार अनूठा।
है बिल्वपत्र से थाल भरा
चंदन अगरु से करती पूजा।
काँवड़ पथ पर कांवड़ियां
चलते मस्ती बन बावलियां
हर-हर बम-बम तन नाचनियाँ।
पद छलनी पथ रे कांवड़ियां।
दीन दुखियों के संबल शिव
नैराश्य निशा में आशा शिव।
त्रिताप मनुज के नाशक शिव
हैं सृष्टि के कण-कण में शिव।
संसार ने जिसको त्याग दिया
त्रिपुरारी ने उसे थाम लिया।
मर चुके उम्मीद जो उनके थे
उसे शंभू ने फिर जगा दिया।
ओ भोले औढरदानी तुम
हो हरते सबकी पीड़ा तुम।
आया सावन बम-बम हर-हर
सब मनुजो का दुःख हर,दुख हर।

118. प्रेम की मदहोशी

प्रेम की मदहोशी में
होंठो का थरथराना,
क्रोध के आवेश में
होंठो का थरथराना।
थरथराहट दोनों में है
पर दोनों में अंतर है।
एक आनंद शिखर को छूता
दूजा पाश्चाताप शिखर को छूता।
प्रथम मिलन में
दिलों का धड़कना
भय की आहट में भी
दिलों का धड़कना।
धड़कन दोनों में है
पर दोनों में अंतर है।
एक गुदगुदी पैदा करती है
दूजा सिहरन पैदा करती है।
मिलन में भी बहुधा
भर आती है आँखे।
जुदाई में भी बहुदा
भर आती हैं आँखे।
आँखे दोनों में भरती है
पर दोनों में अंतर है।
एक में आँखे ठंडी होती है
दूजे में आँखे जलती है।
हम होते हैं प्रसन्न अक्सर
किसी को सुखी देखकर।
हम होते हैं प्रसन्न अक्सर
किसी को दुःखी देखकर।
होती है प्रसन्नता दोनों में
पर दोनों में अंतर है।
एक में कुटिलता छुपी होती है
दूजे में सहदयता छुपी होती है।
सब में क्रिया एक
पर भाव अलग है।
है यही सृष्टि चमत्कार

समझे ज्ञानी धरकर ध्यान।

❧ ❧ ❧

119. बर्फ़ीला मौसम

यह बर्फ़ीला सर्दीला मौसम
काँपी हड्डी सिकुड़े तनमन
सिकुड़ गया जीवन का अपधप
ठिठुरा जीव जगत सब अवयव ।
सूरज की किरणें भी ठिठुरी
झाँक रही अंबर से धुँधली
शीतलहर का कोप चला तो
पेड़ों की पत्तियाँ भी सिकुड़ी ।
कूँ -कूँ करते पिल्ली पिल्ले
चिपके माँ के स्तन पकड़े
सुबह-सुबह वह देखो बाबा
किट-किट करते नहा रहे ।
कितनो को इस ठंड ने लिला
कितने वृद्ध शहीद हुए
कितने अपनो से बिछुड़े
पता नही किस लोक गये ।
देखा मैने उस बस्ती को
इस बर्फ़ीले मौसम में
बिन चादर औ बिन कंबल,
वो झेल रहे इस सर्दी को ।
थर्र-थर्र गात सिकोड़े गर्दन
धरती पर बैठा हिल रहा
आह दैव यह कैसा जीवन
दृश्य देख मन काँप रहा ।
अन्न उदर नही, देह वसन नही
मुखमंडल पीला-पीला
देखो-देखो उस बालक को
चिथड़ों में लिपटा कूद रहा ।
झीनी चिथड़ी साड़ी में
लाज छिपाती वह महिला
लोलूपों से नजर बचाती
उपले थाप रही बाला ।
मौसम एक पर हाल अलग
यह कैसी किस्मत का खेला
किसी में इस मौसम का दहसत

कोई मन ही मन विहसा ।

120. आया वसंत

आया वसंत फिर से धरा पर
कण-कण में नवयौवन उमंग भर।
निकला तरु वृन्तों से नव किसलय
हुए प्रस्फुटित पुष्प गूंजा अलि रव।
दिनकर पथ हुआ स्वच्छ लख राज वसंत
हुई तिरोहित धुंध भागी शीतलहर।
लेकर अंगराई जगी धरा सजी कनक वसन
रति दर्शन आकुल मन्मथ ढूंढे ठौर नीरव।
उठा सरोवर शतदल सुगंध षट्पद चंचल
अचल हिमालय डोल गया जागे शंकर।
छोड़ पुराने पत्र सजे नव पत्र तरुवर
पुष्प धन्वा हिये बैठ गया लिए हस्त पंचशर।
अचल गात से लिपटा हिमकण पिघल रहा अब
जो शीतलहर में सिकुड़े थे फैल रहे अब।
चमक रहा सूरज अंबर में बढ़ा उष्ण अब
ऋतुपति स्वागत गायन पंछी उड़ रहे अभ्र अब।
छः ऋतुएँ आती जाती है ये है अटल सत्य
फिर हम क्यों बौरा जाते जब आता वसंत?
जब शिशिर हेमंत की मार से जग होता विह्वल
तब घायल तन सुख लेप लगाने आता बन चंदन।
जीर्ण-शीर्ण तरुवर पत्ते गिरते कर झरझर
सुन वसंत की पग ध्वनि खिले पलाश गाए निर्झर।
अलंकृत अतसि पुष्प धरित्री सरसों पीत सुमन
स्वर्ण वस्त्र से सजी प्रकृति चमका नील गगन।
आओ वसंत सूने जीवन में भर दो मधुर गीत निर्मल
मधुऋतु जीवन हो मधुरिम बहा दो प्रेम गंग अविरल।
नित्य नवल शाश्वत प्रेम को ओ ऋतुपति लाओ तुम धरणी पर
हो नष्ट जगत से घृणा समूल कुछ कार्य करो ऐसा अभिनव।

121. सरस्वती वंदना

तम हर प्रकाश फैला तु माँ,
उपकार तेरा नही भूलेंगे।
जन-जन की तमस मिटा दो माँ
उपकार तेरा नही भूलेंगे।
कभी ज्ञान दीप जलता था,
भारत के हर कण-कण में।
वह ज्ञान दीप बुझ गया माँ
पापों के झंझावात में।
कर फिर प्रज्जवलित उस दीप को
उपकार तेरा नही भूलेंगे
हम आपस में लड़ते-लड़ते
एकत्व भाव को भूल गये।
औ सत्य-अहिंसा गांधी का
उनके जाते ही भूल गये।
हम बापू के इस दिव्य अस्त्र को
फिर से जन-जन में फैला दे,
वह शक्ति मुझमें भर दे माँ
उपकार तेरा नही भूलेंगे।
हम कर्मयोग के पथ पर चल
निस्सीम शांति का दूत बने
कृष्ण विवेका बुद्ध के दर्शन
अखिल विश्व में फैला दे,
वह दर्शन शक्ति दे मुझे
उपकार तेरा नही भूलेंगे।

❧ ❧ ❧

122. सन्नाटा

भरभराकर रेत से ढहते हुए
ये ख्वाहिशों के महल
जिगर में देते हुए
एक अजीब सी कसक।
भाँय-भाँय करता
पसर गया जीवन में
एक अजीब सा सन्नाटा।
टूट कर बिखर गया
चारों तरफ वो दर्पण,
जिसमें अपनी शक्ल को
कर दिया था अर्पण।
सभी पाखी उड़ गए दिशा-दिशा
निज घोंसलों की तलाश में।
रह गया हूँ मैं अकेला
जूझता सन्नाटों के शोर से।
यादों की परछाई को
पकड़ने की नाकाम कोशिश में
घायल होता पीड़ा से छटपटाता मन
कभी यहाँ उठता कभी वहाँ बैठता
लेकर के रूग्ण सा शिथिल तन।
पर....पर...अचंभित हूँ मैं
आनंदित सा करता
एक महीन सा स्वर
उठ रहा है अब हृदय में।
शायद वह स्वर दबा हुआ था
लिप्साओं के घोर शोर में।
यह मौका पहली बार मिला
जब सुन रहा मैं खुद को खुद से।

123. मुक्ति

पता नहीं मैं क्यों कब कैसे
थी कैद हुई इस पिंजर लौह।
नील गगन से बिछुड़ गई थी
तब हो गई थी मैं बेबस मौन।
हरे-हरे पत्तों की छतरी
बिछड़ी डाल हिंडोल।
भूल गई संगीत सुहाना
बस आहत क्रंदन शोर।
भूल गई मैं अपना सबकुछ
भूल गई मैं रे परिवार
झटके में सखियाँ सब बिछड़ी
भूली उड़ना पंख पसार।
मिल रहे थे दान-पानी
समय-समय दुलार।
फिर भी मन का कोना सूना
हृदय नहीं उल्लास।
उड़ते-फिरते साथी कलरव
सुन हिलती लौह हिंडोल।
यह जीना था या तिल-तिल मरना
था कंठो में केवल क्रंदन रोग।
इक दिन अचके खुला पिंजरा
हुआ नहीं विश्वास।
मधुबन तरुवर डाली दिखी तो
मैं हो गई रे निहाल।
ठीक सामने साथी कलरव
जैसे स्वागत गान।
पंखों में प्राण स्पंदन आया
मैं उड़ गई नील आकाश।

124. मैं और मेरी जिंदगी

मैं और मेरी जिंदगी जैसे
उत्साह और लाचारी
जीते हो साथ-साथ!
मैं और मेरी जिंदगी जैसे
करेले और आम का रस
घोले गए हो साथ-साथ!
इन दोनों का अनुभव
कभी-कभी मुझे
लगता है बड़ा रोचक!
इन दोनों में कोई तालमेल नहीं,
फिर भी जिये जा रहे हैं
इस तरह कि जैसे,
लगा हो अर्ध चन्द्र ग्रहण
किसी पूर्णमासी की रात!
मन रूपी अभ्र में,बादल सरीखे,
उमड़ते-घुमड़ते,बनते और मिटते
चाहे अनचाहे जो भाव उठते हैं,
वो कभी-कभी
शब्द रूपी बूंदों में बदल
कागज की धरती पर
बरबस बरस जाते हैं।
सोचता हूँ कभी-कभी
मैं रहूँ या ना रहूँ,
समय के मटमैले पन्नों पर
मेरे द्वारा उकेरे गए शब्द
जुगनू बनकर ही सही
क्या चमकेगी कभी?

125. बहने दो जीवन को

जीवन वह जिसमें गति लय हो
नित नव संकट प्रस्तर सम हो।
तोड़ो नित तुम नव बाधा प्रस्तर
चलो तीव्र वेगिनी धारा बनकर।
बहना पर तुम बाढ़ न बनना
तृषित कंठ तर करते रहना।
पीड़ित मानवों के हित खातिर
सरित गंग सम बहते रहना।
तुम बहने के आवेग में मानव
अपने उत्स को भूल न जाना।
ऊँच-नीच की खाई मिले जब
निज करुण वेग सरपट करना।
है गति तुम्हारा जीवन यौवन
मिलता जिसमें अनुपम अनुभव।
बहते जीवन में प्रेम सलिल हो
इसको तुम कर लो हृदयंगम।
हो बंजर भूमि हरित सघन वन
तुम नवल मृदा नित भरते जाना।
हो जीवन सुर कल-कल निनाद सम
बस तुम दुर्बल के संबल बन जाना।
जब उस उदधि लय होना तय है
फिर पोखर मोह उलझना क्यों?
बस मानवता उत्थान की खातिर
तुम बहने दो जीवन को अविरल ।

126. क्रन्दन मानवता का

संवेदन की लाशों पर
सिर पटकती मानवता।
है छलनी छल तीर हिया
क्रंदन मानवता का।
घुटती सिसकियाँ घिसट रही है
मानव आनन को परख रही है।
भाव संवेदन वहाँ न दिखता
क्रंदन मानवता का।
अपने अपनों को लूट रहे हैं
दिल अपनों के टूट रहे हैं।
घुटती क्षत संवेदन खोह हिया
क्रन्दन मानवता का।
डगर-डगर पर बहुत शोर है
मानवता का वहाँ न जोर है
ठाठ महल रुदन झोपड़ी का
क्रन्दन मानवता का।
मुझे भी आने दो धरती पर
रे कहती हैं गर्भस्थ बेटियाँ।
मजबूर माई दहशत अपनो का
क्रन्दन मानवता का।
फुर्सत के कुछ क्षण साथ कटे
कुहूके मनवा तरसे अँखियाँ।
अपनो का दामन अपनो ने छोड़ा
क्रन्दन मानवता का।
किस हिये जाए किस हिये बैठे
सोचे तड़पे घायल मानवता।
समय पर मुझको सबने छोड़ा
क्रन्दन मानवता का।

❧ ❧ ❧

127. श्वेत चाँदनी की रातों में

बहते पवन संग धीमे-धीमे
तरुवर किसलय बहके-बहके।
रजत चाँदनी शबनम बूंदे
नशीली रातरानी महके-महके।
फीके पड़ गए तारों के रंग
इस "श्वेत चाँदनी की रातों में"।
धवल दिशाएँ धरती अम्बर
मन डूब गया मीठे ख्यालों में।
मन बावरा क्यों इत-उत डोले
इस "श्वेत चाँदनी की रातों में"।
ओ चाँद जरा तुम स्थिर रहना
हैं चाँद मेरे भी आनेवाले।
हो सौभाग्यशालिनी तू ओ चाँदनी
है चाँद तुम्हारे,तुम्हारे संग।
री फीकी पड़ गई चमक हमारी
नहीं चाँद हमारे,हमारे संग।
सुना है प्यार परवान चढ़ता है
इन "श्वेत चाँदनी की रातों में"।
भाप बनकर प्रेम हमारा उड़ता है
इस नीरव नशीली रातों में।
यायावर मन भटक रहा है दूर कहीं
ख्यालों में ढूंढते बिछुड़े प्रेम को।
अब तो सूख गई नदी अमृत प्रेम की
रह गई यादों में बस यादों के रेत कण।
बहती अँखियों संग हिये तड़प रह गए
इस श्वेत चाँदनी की रातों में
जो थे बने कभी दिल की धड़कन
अब वे दिल की कुहूकन बनकर रह गए।
बीतते-बीतते बीत गए सालों के शुक्लपक्ष कई
पत्तों से टप-टप टपकती ओस की बूंदे
सुरताल मिलाती मेरे नयनन अश्रु से।
समझो चाँदनी व्यथा मेरी लिख दो कोई कथा नई।

128. तन्हाई मेरी

तन्हाई मेरी और जीवन मेरा
दोनों में है एक अटूट रिश्ता।
अक्सर बातें करते हुए हम दोनों,
जीवन की उन खट्टी-मीठी यादों को,
जो दिल में दबी हुई है अब तलक
निकल नहीं पाई बाहर
कर लेते हैं साझा।
जब बेचैन होता है दिल
किसी अदृश्य पके हुए
फफोलों की असह्य वेदना से,
तब ये तन्हाई मेरी
लिपट जाती है मुझसे
निकाल लेती है जबरिया
मेरे हृदय में खदबदाती
भावनाओं के उष्म जल को
मेरे नयनों की कोरों से।
मैं और तन्हाई मेरी,
उठते-बैठते
सोते-जागते
हर क्षण,
रहते हैं साथ-साथ।
बाहर भीड़ है,
भीड़ का शोर है,
साथ में कदम-कदम
कुछ प्राकृतिक कुछ कृतिम
काँटे और रोड़ है।
पर इस भीड़ में भी तन्हाई मेरी
संबल बनकर सांत्वना सी देती
रहती है मेरे आसपास।
देखता रहता हूँ निरंतर
सभी ऋतुओं को आते-जाते,
पर कभी देखता नहीं मैं
अपने जीवन से
तन्हाई को कहीं जाते।
अक्सर टकराते रहते हैं

नासिकाग्र से मेरे
जले हुए अरमानों के चरागन्ध
नीरव काली रात में।
उस समय दिल में भरे
खौफ,पीड़ा और घबराहट को
निकाल देती है बाहर तन्हाई मेरी
बूंद-बूंद तकिये को गीला कर।

129. विकल मन

ये विकल मन आज फिर कुछ चाहता है
हृदय की वेदना रुदन बनाना चाहता है।
आज वह कुछ थपकियाँ कुछ गीत लोरी
छुप माँ के आँचल नींद गहरी चाहता है।
भव सिंधु लहर मन खा थपेड़े बह रहा है
मिले विश्राम जहाँ पर वह किनारा ढूंढता है।
भयभीत हूँ पर तुम नहीं माँ क्या करूँ मैं
नित नव भँवर संसार सरिता बन रहा है।
आ जाओ माँ फिर एक बार मन रो रहा है
दबी वेदना अब घाव बन हिय रिस रहा है।
अब कोई नहीं संसार में जो थाम ले कर
बस तुम्हारी याद ही अब नाव बनके रह गया है।
उमड़ते अश्रु को आँखों में रोके कंपित हृदय है
वेदना के ज्वार में नस-नस विकल है।
रख ले गोद में सिर पुचकार और मनुहार कर
विकल मन फिर से मेरा गोद वही चाहता है।
कसकर खोल दे कोई वेदना के द्वार मेरे
बहते अश्रु में बह जाए वो सब घाव मेरे।
वेदना भीतर कहीं बन सिसकियाँ निकलना चाहती है
विकल मन आज फिर से माँ की छाती चाहता है।

❧ ❧ ❧